HITOS HISTÓRICOS

DE LA NACIÓN PANAMEÑA

Primera edición: 1998
Tiraje: 2,000 ejemplares
Imprenta de la Universidad de Panamá

Segunda edición: 2004. Corregida y ampliada
Tiraje: 1,000 ejemplares
Imprenta de la Universidad de Panamá

Tercera edición: 2012.
Edición postmortem a Juan Antonio Tack
Canciller de la Dignidad
Tiraje: 1,000 ejemplares
Imprenta de la Universidad de Panamá

Cuarta edición: 2015
Tiraje: 1,000 ejemplares
Imprenta de la Universidad de Panamá

ISBN 978-9962-05-219-7

Portada:
Relieve "9 de enero"
Pintura acrílica sobre cartón
46x35 cms
Carlos González Palomino

Miguel Montiel Guevara
Juan Antonio Tack

HITOS HISTÓRICOS
DE LA NACIÓN PANAMEÑA

**Libro aprobado por el Ministerio de Educación
como obra de consulta para
la Educación Media y Post-media**

IN MEMORIAM

RICAURTE SOLER

Este ensayo surgió a propósito de una solicitud que hiciera la Fundación Omar Torrijos Herrera, por medio del Sr. Alberto Pons, a la Universidad de Panamá, en el sentido de elaborar una cronología de los hechos de mayor trascendencia histórica en la vida de los panameños y que guardasen relación directa con nuestra **lucha generacional por la consolidación y el perfeccionamiento de la Nación y el Estado panameño.** El Dr. Gustavo García de Paredes, entonces rector de la Universidad de Panamá, encomendó la tarea al Mgtr. Miguel Montiel Guevara, director del Instituto del Canal para esa época. Montiel Guevara, a su vez, solicitó la colaboración del Lic. Juan Antonio Tack, coordinador del Departamento de Estudios Internacionales del Instituto. Esta obra es resultado del trabajo conjunto de los dos.

Aquí se recoge, en apretada síntesis, de manera muy concisa y puntual, acontecimientos calificados de trascendentales en la vida nacional. Al hacerlo, nos animó el deseo de divulgar dichos hechos entre los estudiosos panameños interesados en el tema y confiados en que la obra resulte de especial beneficio a nuestra comunidad de estudiantes, particularmente de nivel medio y universitario, sobre todo esta 2ª edición, corregida y ampliada, en este año **centenario de la república**, cuando menos que nunca los panameños podemos aceptar que voces de distintas latitudes, incluyendo el suelo patrio, minimicen la autenticidad y legitimidad de nuestra independencia nacional del 3 de noviembre, que nos dio la república en que vivimos y criamos y educamos a nuestros hijos. Como bien señala Ricaurte Soler, principal teórico de la nacionalidad panameña en el siglo XX, en su ya clásica obra **Formas ideológicas de la nación panameña**, *"la complejidad de la historia y de los acontecimientos desempeña a menudo un papel primordial, y esa complejidad exige explicaciones más serias y profundas que el "slogan" demasiado fácil de acuerdo con el cual Panamá es una simple invención de los Estados Unidos.".* Por ello, este trabajo tiene un propósito fundamentalmente didáctico, enmarcado dentro de los parámetros de la cronohistoria o factografía, como se le quiera llamar.

Por otra parte, como indicamos atrás, la presente segunda edición ha sido cuidadosamente corregida (nos disculpamos por los errores de la primera) y ampliada, con base a eventos ocurridos después de la cancelación definitiva del proyecto antinacional del Centro Multilateral Antidrogas (CMA) y la consumación efectiva de los hechos tan esperados por todos los panameños el mediodía del 31 de diciembre de 1999.

Finalmente, hacemos la observación de que las frases que aparecen insertadas entre llaves, en los textos citados, son nuestras. Así mismo, en esta edición, hemos omitido intencionalmente la bibliografía al final de la obra, ya que consideramos que la misma aparece cuando ha sido necesario citar a pie de página, por lo cual resulta innecesario repetirla.

Los autores

CRONOHISTORIA DE LA NACIONALIDAD PANAMEÑA

1.   GRITO DE LA VILLA DE LOS SANTOS. 10 DE NOVIEMBRE DE 1821

Fue un grito de independencia. La casi totalidad de los historiadores panameños coincide en que el primer paso hacia la independencia definitiva del Istmo de Panamá de su sometimiento a la Corona de España, se dio en el interior del país, exactamente en el poblado conocido como La VIlla de Los Santos, cuando los criollos de aquel lugar, guiados por los patriotas santeños, Segundo Villarreal y Rufina Alfaro, se declararon independientes en el Acta del Grito de la Villa de Los Santos, del 10 de noviembre de 1821. Por ello, este acontecimiento histórico se conoce como el Grito de La Villa de Los Santos. Al decir de Ricardo J. Alfaro, este fue un...

...movimiento precursor cuyas vastas repercusiones pusieron de manifiesto la voluntad inquebrantable de los pueblos del Istmo de poner fin a la dominación española y de sustituir el régimen colonial y monárquico bajo el cual vivían con un régimen republicano y democrático...[1]

---

[1] Alfaro, Ricardo J. "La independencia de Panamá y su fecha". **Revista Lotería.**

Al movimiento de los patriotas santeños se adhirieron otras comunidades de la región, tales como la de Las Tablas, Pocrí, Macaracas, Pesé, Las Minas, Parita, Ocú, San Francisco de la Montaña y Natá.

El Grito de La Villa de Los Santos fue la chispa que encendió el polvorín patriótico de los istmeños, que culminó con la proclamación del **Acta de pronunciamiento del 28 de noviembre de 1821.**

2. INDEPENDENCIA DE PANAMA DE ESPAÑA. 28 DE NOVIEMBRE DE 1821.

La presencia de la Corona Española en Panamá empieza con el arribo de Rodrigo Galván de Bastidas a las costas del Istmo en el año 1501 y duró hasta el 28 de noviembre de 1821. 320 años de colonialismo español terminaron con la proclamación del **Acta de Independencia de Panamá de España**, redactada por Manuel José Hurtado padre, de nacionalidad colombiana. Así, por sus propios medios, con el apoyo del coronel criollo José De Fábrega, quien se había encargado del mando de las tropas españolas en el Istmo, los criollos istmeños proclamaron su independencia de España en esa fecha, y simultáneamente con la proclamación de la independencia, se decidió **la unión voluntaria** a Colombia. El Acta de Independencia tiene 12 artículos. He aquí parte del texto hasta el segundo artículo.

ACTA

…del pronunciamiento por medio del cual Panamá se declara "libre e independiente del Gobierno Español", de 28 de Noviembre de 1821.

En Junta General de todas las corporaciones civiles, militares y eclesiásticas, celebrada hoy 28 de Noviembre de 1821, a invitación del Excmo. Ayuntamiento; después de las más detenidas discusiones ante un numeroso pueblo y bajo el mayor orden y concordia, se convinieron y decretaron de común acuerdo los artículos siguientes:

No.108. 1964. Págs. 27-30.

1.   Panamá, espontáneamente y conforme al voto general de los pueblos de su comprensión, se declara libre e independiente del gobierno español.

2.   El territorio de las provincias del Istmo pertenece al Estado republicano de Colombia, a cuyo Congreso irá a representarle oportunamente su diputado.[2]

Dadas las características peculiares del movimiento, esta decisión de los istmeños es explicable. Carecían de fuerzas militares suficientes para afrontar un posible intento de reconquista por parte de tropas españolas.

3.   ELOGIO DE SIMÓN BOLÍVAR A LA INDEPENDENCIA DE PANAMÁ DE ESPAÑA.

Al conocer El Libertador desde la ciudad de Popayán (Colombia), la Independencia de Panamá, y con el Acta respectiva, envió una nota fechada el 11 de febrero de 1822, con su edecán, el coronel Florencio O'Leary, manifestándole lo siguiente al coronel José De Fábrega:

El Acta de Independencia es el monumento más glorioso que pueda ofrecer a la Historia ninguna provincia americana. Todo está allí consultado: justicia, generosidad, política e interés nacional. Trasmita, pues, a esos beneméritos colombianos el tributo de mi entusiasmo por su acendrado patriotismo y verdadero desprendimiento.[3]

4.   DECRETO DE FRANCISCO DE PAULA SANTANDER SOBRE ORGANIZACIÓN PROVISIONAL DEL DEPARTAMENTO DEL ISTMO.

Bogotá, 9 de febrero de 1822

Francisco de Paula Santander...Vice-Presidente de la República, Encargado del Poder Ejecutivo

Habiéndose libertado por sus propios esfuerzos y el patriotismo de sus habitantes de las provincias que

---

[2] **Documento Fundamentales para la Historia de la Nación Panameña.** Edición de la Junta Nacional del Cincuentenario. Panamá. 1953. Pàg.

[3] Jaén Jr., Ricardo. **Breviario de Historia Patria.** Duplicadora Industrial. Panamá. 1967. Pág. 167.

componen el Istmo de Panamá, el gobierno supremo de la República...ha venido a decretar lo siguiente:
1.   Provisionalmente y hasta la reunión del próximo Congreso, se erige un nuevo departamento denominado el Istmo. Este se compondrá de las provincias a donde se extendía bajo el gobierno español la antigua Comandancia General del Istmo de Panamá, las que permanecerán con los mismos límites que tenían.[4]

5. PRIMER INTENTO DE SEPARATISMO Y REINCOPORACIÓN DEL ISTMO A LA GRAN COLOMBIA. 26 DE SEPTIEMBRE DE 1830 Y 10 DE DICIEMBRE DE 1830, RESPECTIVAMENTE.

El 26 de septiembre de 1830, el general José Domingo Espinar, con el apoyo del arrabal y algunos notables, proclamó la separación de Panamá de Colombia. Pero Espinar decretó la reincorporación el 10 de diciembre de 1830.

6. SEGUNDO INTENTO DE SEPARATISMO Y REINCORPORACIÓN DEL ISTMO A LA GRAN COLOMBIA. 9 DE JULIO DE 1831 Y 17 DE AGOSTO DE 1831, RESPECTIVAMENTE.

El 9 de julio de 1831 el coronel venezolano, Juan Eligio Alzuru, llevó a cabo el segundo intento separatista de Panamá, que duró un mes y diez días, siendo una mera acción de un aspirante a dictador. El general Tomás Herrera lo sometió, reintegró el Istmo a la Gran Colombia el 17 de agosto y fusiló a Alzuru el 29 de agosto de 1831.

7. TERCER INTENTO DE SEPARATISMO, EL ESTADO LIBRE DEL ISTMO Y REINCORPORACIÓN A LA NUEVA GRANADA. 18 DE NOVIEMBRE DE 1840, 20 DE MAYO DE 1841 Y 31 DE DICIEMBRE DE 1841, RESPECTIVAMENTE.

A mediados de 1839 otra contienda civil conocida como *"la guerra de los supremos"* se desencadenó en Colombia, ahora con el nombre de Nueva Granada. Durante este conflicto se

---

[4] Blanco, José Félix. **Documento para la Historia de la vida pública del Libertador de Colombia, Perú y Bolivia.** Tomo VIII. Pág. 288

proclamaron un número plural de **"Estados Soberanos"**. Ante la anarquía reinante, el general Tomás Herrera, con el apoyo de los notables istmeños, en pronunciamiento del **18 de noviembre de 1840**, indicó que al disolverse la República, la provincia de Panamá daba por terminadas las obligaciones que contrajo por la Constitución granadina de 1832. Se estipuló que la provincia de Panamá se erigía en **"Estado Soberano"** y que cualesquiera que fuesen los arreglos posteriores para la reorganización política, Panamá sólo contraería obligaciones "bajo principios puramente federales". **El 20 de mayo de 1841** se establece el **"Estado Libre del Istmo"**.

"Un año y un mes duró esa independencia. Costa Rica reconoció el Estado Libre del Istmo…Estados Unidos de Norte América, que aún no tenía propósitos de construir un Canal por nuestro Istmo, no lo hizo".[5]

Obviamente, en este tercer intento de separación, no podían faltar los factores económicos. El mismo Tomás Herrera, en calidad de Presidente del recién establecido Estado, en un documento oficial de 1841, aseveraba, no sin exagerar, que
"desde la etapa colonial el Gobierno español ocultó o desconoció la posibilidad de abrir por el Istmo una vía interoceánica y que no menos censurable fue la actitud de los congresos de la Gran Colombia y la Nueva Granada, muy escasos en concesiones". Pero el **31 de diciembre de 1841**, comisionados de la Nueva Granada y de Panamá, firmaron el **Convenio de reincorporación** en al que, a nombre del Supremo Gobierno Nacional, se concedía un "decreto de olvido" de todos los sucesos políticos que habían ocurrido en el Istmo desde la fecha de su separación. [6]

8. CUARTO INTENTO DE SEPARATISMO (AUTONOMISMO): ESTADO FEDERAL DE PANAMÁ. 27 DE FEBRERO DE 1855, JUSTO AROSEMENA Y LA NEUTRALIDAD DEL ISTMO.

La obra teórica y práctica de uno de los más eminentes patriotas panameños, el Dr. Justo Arosemena, logró que el Istmo de Panamá viviera bajo cierto grado de autonomía política de **1855** a **1885**, como **"Estado Federal"**. Pero, fundamentalmente, Justo

---

[5] Pereira Jiménez, Bonifacio. **Historia de Panamá.** Panamá, 1961. Pág. 196.
[6] Alfaro, Ricardo J. **Vida del General Tomás Herrera.** Edición Conmemorativa del XXV Aniversario de la Universidad de Panamá. 1960. Págs. 73-89.

Arosemena fue el panameño que tuvo la visión más clara y realista sobre lo que de verdad y en realidad significaría para Panamá un canal interoceánico construido por los Estados Unidos, en aquellas circunstancias.

Desde sus primeros planteamientos al respecto, nos legó mensajes todavía válidos y preocupaciones singularmente legítimas. En su extraordinario ensayo titulado **Examen sobre la franca comunicación entre los dos océanos por el Istmo de Panamá,** escrito en 1845, sus dos últimos capítulos y la conclusión, constituyen verdaderas "ADMONICIONES en torno a la construcción de una vía interoceánica a través del Istmo de Panamá". Sin embargo, antes de ese ensayo, en 1844, en el periódico **El Movimiento**, Don Justo había escrito lo siguiente:

La imaginación habrá concebido que a la apertura del Istmo seguirá una lluvia de Maná. No: su influjo es indirecto, es más bien una ocasión, una oportunidad de desenvolver nuestra industria. Pero para los Istmeños la riqueza no vendrá, sino de ésta, cuando se haya desenvuelto. Preciso es no olvidarlo, porque sobre este asunto se han formado ideas muy erróneas. La comunicación intermarina no va a derramar riqueza gratis ni tampoco va a proporcionarlas por medio del comercio de tránsito.

Pocos compatriotas saben que Don Justo también fue el primer panameño que participó directamente en la negociación diplomática de un Tratado completo, en buena y debida forma, con Estados Unidos, para la posible construcción de un canal interoceánico por el Istmo. Se trata del **Tratado Arosemena, Sánchez-Hurboldt,** firmado el 26 de enero de 1870, y que constituye un importante antecedente histórico en nuestras relaciones con los Estados Unidos. Este tratado llegó a ser ratificado por el Congreso de Colombia, pero no recibió la debida consideración por parte del Senado de los Estados Unidos, quizá porque contenía cláusulas muy equilibradas y justas, que impedían cualquier forma de protectorado extranjero sobre el Istmo de Panamá.

También fue Don Justo uno de los pocos istmeños que, en diversos escritos, llamó la atención sobre la campaña antinacional de la prensa extranjera con propósitos claramente anexionistas, pues a su entender, lo norteamericanos veían al Istmo como una **"tierra de conquista"** y de nada servirían los gestos benévolos hacia ellos, particularmente cuando jamás aceptarían a los países hispanoamericanos como "pueblos civilizados". En mucho contribuía a tan delicada situación la apatía del Gobierno Central (colombiano), lo que "traería por consecuencia la pérdida del Istmo que podría convertirse en otra Tejas", según Arosemena. El siguiente texto suyo expresa con meridiana claridad su gran preocupación al respecto:

El mayor mal que pudiera suceder a la Nueva Granada con respecto a un cambio político en el Istmo, no sería ciertamente su independencia absoluta, siempre que el gobierno granadino asegurase para la república ciertos beneficios. El grave, el inmenso mal, sería que el Istmo cayese en manos de los Estados Unidos, porque entonces toda la nación estaría amenazada de tan inquietos vecinos.[7]

Estas últimas observaciones las expuso Justo Arosemena dos años antes del Incidente de la Tajada de Sandía.

9. INCIDENTE DE "LA TAJADA DE SANDÍA". 15 DE ABRIL DE 1856.

El hecho, tantas veces relatado en muchos libros y folletos sobre episodios de la historia panameña, conocido como el **"incidente de la tajada de sandía"**, ocurrido el **15 de abril de 1856**, señala el hito histórico a partir del cual Estados Unidos empezó la práctica que rápidamente convirtió en costumbre, de interpretar, usar y abusar de sus prerrogativas contractuales relacionadas con asuntos del Istmo de Panamá, de acuerdo con sus exclusivas conveniencias del momento y problema que se tratase, amparados por lo estipulado en el **Artículo XXXV** del **Tratado General de Paz, Amistad, Navegación y Comercio** de 18446, más conocido como **Tratado Mallarino Bidlack**, (según el cual los Estados Unidos garantizan positiva y eficazmente a la Nueva Granada la perfecta neutralidad del Istmo y a la vez garantizan los derechos de soberanía y propiedad que la Nueva Granada tiene y posee sobre dicho territorio). Un historiador estadounidense, considerado bastante imparcial y objetivo, nos dice algo de lo fundamental que ocurrió en torno al "incidente de la tajada de sandía". Se trata de Gerstle Mack, quien señala lo siguiente:

Los lazos que unían a los habitantes del Istmo con Nueva Granada eran tenues, y los panameños, aislados del resto del

---

[7] Araúz, Celestino Andrés. **Panamá y sus Relaciones Internacionales.** Biblioteca de la Cultura Panameña. Tomo 15. Primer Volumen. Editorial Universitaria. Panamá, 1994. Pág. 66.

país por mar, montañas y selvas, resentían profundamente todo intento del gobierno central de intervenir en los asuntos del Istmo. El orgullo regional encontró salida no sólo en la rebeldía crónica contra Bogotá, sino también en el odio feroz contra los Yankees fanfarrones que pululaban a través del Istmo en viajes de ida y vuelta a California. Es indudable que en muchas ocasiones se justificó esa animadversión. Con la pólvora lista para una explosión interior sólo se necesitaba una chispa para encenderla. Alrededor de una año después de terminado el ferrocarril, el rencor acumulado produjo el incidente conocido como la "Guerra de la Tajada de Sandía" ...De acuerdo con el informe oficial de **Amos B. Corwine,** *Comisionado Especial designado por el Gobierno de los Estados Unidos para investigar el tumulto que siguió... "la población de color....tomó como pretexto la disputa (entre un gringo borracho que se negaba a pagar diez centavos por una tajada de sandía y el vendedor nativo que se sintió ultrajado por no recibir tan ridícula cantidad de dinero) relativa a la tajada de sandía... para asaltar a los norteamericanos y saquear sus propiedades... pero que la policía y la turba planearon deliberadamente el asalto a la estación de ferrocarril...Yo recomiendo la ocupación inmediata del Istmo de océano a océano por los Estados Unidos...a menos que Nueva Granada nos convenza de su competencia e inclinación para suministrar adecuada protección y una amplia y rápida indemnización".*[8]

El citado informe de Corwine tiene fecha de 18 de julio de 1856 y en esa época los Estados Unidos no tenían fuerza militar ni naval en los alrededores para llevar a cabo la ocupación que se sugería, pero poco después que el informe llegó a Washington se enviaron a Panamá dos pequeños veleros de guerra, el *Independence* y el *St. Mary's.* El 19 de septiembre desembarcó un destacamento de 160 hombres al mando del comodoro William Merwing y, con el consentimiento de las autoridades locales, tomo posesión de la estación de ferrocarril. La ciudad se mantuvo en calma y tres días más tarde las tropas se retiraron a sus barcos sin haber hecho un solo disparo. Esta breve e incruenta ocupación, el **primer caso de intervención armada de Estados Unidos en el Istmo**, estaban justificadas según la opinión de Washigton, como se ha señalado, por la

---

[8] Mack, Gerstle. **La Tierra Dividida. Historia del Canal de Panamá y otros proyectos del Canal Istmico.** Editorial Universitaria. Panamá. Panamá, 1992. 3ra. Edición. Pág. 152.

cláusula del Tratado de 1846, mediante la cual los Estados Unidos garantizaban la neutralidad del Istmo "con miras a que el libre tránsito de un mar a otro no se interrumpe o estorbe..." De esta manera, Estados Unidos estableció el precedente (destinado a tener consecuencias de alcance mucho mayor) que tenía el derecho de intervenir en los asuntos internos del Istmo de Panamá. Los cruentos hechos originados por el abuso del estadounidense Jack Oliver contra el pariteño José María Luna, quien recibió la solidaridad del peruano Miguel Abraham, dejaron un saldo trágico de 16 muertos y 15 heridos estadounidenses y un muerto y 13 heridos panameños.

10. QUINTO INTENTO DE SEPARATISMO. TRATADO DE NEUTRALIDAD DE DON SANTIAGO DE LA GUARDIA. 1860-1863.

El Convenio de Colón de 1860 dio algunas conquistas a los istmeños. El "unionismo" colombiano atentaba contra éstas. Nos dice Ricaurte Soler:

[...]Otra capital de provincia propuso la independencia absoluta y la entrada de Panamá al seno de las naciones soberanas del mundo. El Jefe del Estado Federal de Panamá, Santiago De La Guardia, optó por firmar un Tratado con las fuerzas colombianas sublevadas. De acuerdo con ese Tratado, Panamá permanecería neutral y, de hecho, independiente de Colombia. Esta sólo conservaría con Panamá algunos vínculos secundarios y su representación internacional. Cuando las fuerzas sublevadas tomaron el poder, se desconoció el Tratado firmado. En su defensa, en el campo de batalla, murió el Jefe del Estado de Panamá. Apenas contaba 33 años.[9]

11. SEPARACIÓN DE PANAMÁ DE COLOMBIA. 3 DE NOVIEMBRE DE 1903.

La Guerra de los Mil Días entre liberales y conservadores en todo el territorio colombiano y el Istmo fue el preámbulo de la separación definitiva de Panamá de Colombia. Fue una guerra civil, que terminó oficialmente el 21 de noviembre de 1902, un año antes de la gesta separatista panameña, con el Tratado de

---

[9] Soler, Ricaurte. **Formas Ideológicas de la Nación Panameña.** EDUCA. 4ta. Edición. Costa Rica, 1972. Pág. 124.

Paz entre las partes, firmado en el Wisconsin, barco de guerra norteamericano.

En ese contexto se dio el fusilamiento del Gral. Victoriano Lorenzo, cholo coclesano que combatió a favor de los liberales, desarrollando tácticas militares propias de la guerra de guerrillas. Considerado un "peligro para la paz" por los intereses económicos involucrados en la escena política y con el beneplácito de los militares estadounidenses, su fusilamiento el 15 de mayo de 1903, en el Paseo de las Bóvedas, reviste características de traición e ignominia de parte de quienes lo perpetraron y ejecutaron.

Parte también del contexto de los acontecimientos que precedieron los hechos del 3 de noviembre es la muerte del poeta istmeño León A. Soto, quien ofrendó su vida en aras del ideal independentista. Fue sentenciado a recibir 200 palos por sus arengas separatistas y su poesía patriótica. Murió como resultado de la paliza.

En el proceso de acumulación de frustraciones por parte de los istmeños, entre las que cabe mencionar el rechazo por el Senado de Colombia del Tratado Herrán-Hay, junto con los intereses norteamericanos por construir el canal, se dieron las condiciones para que se produjera la separación definitiva del Istmo de Panamá de la República de Colombia, dando lugar al nacimiento de la nueva República de Panamá.

Fue así como se formó una **Junta Separatista** integrada por José Agustín Arango, Manuel Amador Guerrero y Carlos Constantino Arosemena. A ellos se unieron después Nicanor A. De Obarrio, Ricardo Arias, Federico Boyd, Tomas Arias y Manuel Espinosa Batista.

El día 3 de noviembre de 1903, en horas de la mañana, llegaron a su fin los 82 años de unión a Colombia, cuando el capitán Marco A. Salazar, por órdenes del general Esteban Huertas, puso presos, a órdenes de José Fernando Arango, Comandante de la Policía, a los generales colombianos Juan B. Tovar, José N. Tovar, Luis A. Tovar, Ángel M. Tovar, Francisco de P. Castro, Ramón G. de Amaya y Joaquín Caicedo Albán

Desde horas de la tarde de ese día hubo movilizaciones de masas, desde el Parque de Santa Ana por toda la Avenida Central, hasta la Plaza de Herrera y en reunión extraordinaria el Consejo Municipal de Panamá se adhirió al movimiento separatista, proclamándose la independencia de Panamá de Colombia.

El Acta de Independencia fue aprobada en Cabildo Abierto el día 14 de noviembre, cuando se nombró también una **Junta Provisional de Gobierno**, integrada por José Agustín Arango, como Presidente y Tomás Arias y Federico Boyd, como sus otros dos miembros.

Dos temas fundamentales tuvo que acometer de inmediato la **Junta Provisional:** la organización política-administrativa de la nueva República y la cuestión de la construcción del canal interoceánico por los Estados Unidos.

Ambas fueron llevadas a cabo.

## 12.	LA CIUDAD DE COLÓN SELLA LA SEPARACIÓN DE PANAMA DE COLOMBIA. 5 DE NOVIEMBRE DE 1903.

En la Ciudad de Panamá se había proclamado la independencia el día tres y al día siguiente aprobado en Cabildo Abierto el Acta de Independencia, así como el nombramiento de una Junta Provisional de Gobierno. Sin embargo, aún permanecían en suelo panameño tropas colombianas en armas, dispuestas a revertir los acontecimientos, por lo que la consumación de la separación total todavía estaba en peligro. El Batallón Tiradores, de 500 hombres, había permanecido en Colón bajo las órdenes del coronel colombiano Eliseo Torres, quien hacía planes para atacar a la Ciudad de Panamá. Dada la ubicación estratégica de Colón en el Atlántico, no dejaba de representar una potencial amenaza.

Porfirio Meléndez, el dirigente del movimiento separatista en Colón, convocó al grupo de patriotas con los que dirigía las acciones y tuvo contacto con el coronel colombiano comunicándole que se rindiera. La noche del 5 de noviembre, luego de un tenso proceso de negociación, el Batallón Tiradores, las últimas tropas colombianas en el istmo, lo abandonaron, proclamándose de inmediato la República en la ciudad atlántica. Así quedó sellada la gesta separatista de noviembre de 1903.

## 13.	GRITOS DE SANTIGO Y CHITRÉ. 9 DE NOVIEMBRE DE 1903.

En años recientes, finales de los noventa, los habitantes de las ciudades de Santiago y Chitré han empezado a celebrar, con gran entusiasmo además, el 9 de noviembre como el día en que ambas poblaciones dieron el Grito de Independencia de Panamá de Colombia en 1903. Es de suponer que, luego de la salida del Batallón Tiradores, en los pueblos del interior se produjeron múltiples expresiones de adhesión al acto de separación realizados en la capital y Colón.

14. NOTA PROTESTA DE JOSÉ DOMINGO DE OBALDÍA, ENVIADO EXTRAORDINARIO Y MINISTRO PLENIPOTENCIARIO DE LA REPÚBLICA DE PANAMÁ, AL SECRETARIO DE ESTADO DE ESTADOS UNIDOS. 11 DE AGOSTO DE 1904.

Después de firmado y aprobado el oneroso Tratado Hay-Bunau Varilla, el 18 de noviembre de 1903, los próceres panameños comenzaron a vivir con la ingrata sorpresa de que sus benefactores y protectores estadounidenses aplicarían dicho Tratado de acuerdo con sus exclusivos intereses y su interpretación unilateral. Así que muy pronto empezaron a plantearse ciertas protestas por parte de funcionarios de Panamá. La primera y muy importante de esas protestas fue la **exposición presentada al Secretario de Estado de los Estados Unidos de América por el Enviado Extraordinario y Ministro Plenipotenciario de la República de Panamá, José Domingo De Obaldía.** (Legación de Panamá-Número 6-Washington, 11 de agosto de 1904).
Algunas partes de esa extensa nota, que fue en verdad escrita por el Dr. Eusebio A. Morales*, decía lo siguiente:

He recibido instrucciones de mi Gobierno para hacer ante el ilustrado gobierno de Vuestra Excelencia las gestiones conducentes a obtener una solución satisfactoria de las dificultades que, inesperadamente, han surgido entre las autoridades de la República y el señor Gobernador de la Zona del Canal, con motivo de la interpretación que este último le ha dado a algunas de las cláusulas del convenio sobre el canal ístmico, celebrado entre los dos países el día 18 de noviembre último.

Como antecedente imprescindible de la convención Varilla-Hay, es necesario tener presente el Tratado Herrán-Hay, celebrado el 22 de enero de 1903, aprobado por el Senado de los Estados Unidos, y rechazado por la República de Colombia.

Ambos Tratados fueron celebrados con el mismo objeto principal. Facilitar a los Estados Unidos la construcción de un canal para naves entre los mares Atlántico y Pacífico. Ni en uno ni otro caso fue el pensamiento de las altas partes contratantes celebrar un convenio de cesión de territorio ni de renuncia absoluta de soberanía por parte de algunas de ellas...

El Convenio del Canal ístmico no importa cesión de territorio ni traspaso absoluto de soberanía...si la intención de las altas partes contratantes hubiera sido en uno o en otro de los casos a que me he venido refiriendo, la cesión absoluta del dominio y de la soberanía sobre el territorio, ambos tratados podrían haberse reducido a dos artículos: uno en que se especificara la cosa vendida, y otro en que se expresara el precio de la venta...

El artículo 111 del Tratado Varilla-Hay, único en que se trata de derechos de soberanía, establece que los Estados Unidos poseerían y ejercerían los derechos, poder y autoridad que la República de Panamá les concedió sobre la Zona, como si ellos fueran soberanos en el territorio; pero esa expresión lleva implícita la idea de que no lo son, y aunque en la parte final del artículo se agrega "con entera exclusión del ejercicio por la República de Panamá de tales derechos soberanos, poder y autoridad", tales palabras, que se encuentran en evidente contradicción con las que le preceden, deben ser interpretadas de acuerdo con otros artículos posteriores del convenio que demuestran la intención real de los contratantes.

Con golpe tan rudo dado al comercio y a las industrias nativas, las rentas de la República de Panamá desaparecerían; y como por el Convenio del Canal tiene contraídas ciertas obligaciones que limitan sus recursos fiscales de todo género y ciertas responsabilidades que implican gastos de consideración, el prospecto que se le presenta a mi país es el de debilidad, de pobreza y de atraso, en vez del porvenir brillante que los mismos Estados Unidos han tenido en mira labrarle cuando le han extendido su mano generosa y le han ofrecido su apoyo leal y eficaz en horas de infortunio.[10]

---

[10] **Memoria presentada a la Asamblea Nacional de 1906 por el Secretario de Gobierno y Relaciones Exteriores**. 1907. Tip. de Torres e hijos. Panamá. Págs. 227-235

*Este dato aparece en: Ricardo J. Alfaro. **Medio Siglo de Relaciones entre Panamá y los Estados Unidos. Panamá. Imprenta Nacional. 1959. Pág. 25**

15.   NOTA PROTESTA DE ERNESTO T. LEFEVRE, SECRETARIO DE RELACIONES EXTERIORES, AL MINISTRO NORTEAMERICANO WILLIAM J. PRICE, SOBRE EL DESARME DE LA POLICÍA NACIONAL. MAYO DE 1916.

Señor Ministro.-

Honda sorpresa ha producido en el ánimo de su Excelencia el Presidente de la República y de los miembros todos de su Gabinete, la inesperada comunicación de Vuestra Excelencia[1] 304 de fecha 9 de los corrientes, en que de manera categórica y terminante exige Vuestra Excelencia, en nombre de su Gobierno, el inmediato desarme del Cuerpo de Policía Nacional en las ciudades de Panamá y Colón.

En efecto, siendo Panamá una nación soberana e independiente, el Gobierno de los Estados Unidos no tiene derecho para decidir si este país puede o no tener una fuerza nacional armada de rifles de largo alcance. El decidir tal punto es una cuestión de política interna de país y su solución definitiva le corresponde únicamente a nuestra Asamblea Nacional, de conformidad con el inciso12 del artículo de nuestra Constitución

Mi gobierno considera ofensiva para la dignidad nacional la solicitud de desarme de nuestro Cuerpo de Policía Nacional en las ciudades de Panamá y Colón y conceptúa que no han sido siquiera apreciadas y menos correspondidas sus repetidas y valiosas pruebas de simpatía y lealtad al pueblo americano…

El sentimiento nacional ha sido herido vivamente. No es la República de Panamá poderosa, no tiene la fuerza, suprema razón que hoy priva en el mundo para defenderse, y sólo le toca hacer lo que a todos los débiles: doblegarse bajo el peso que no puede resistir, dejar que se cumpla el injustificable deseo del Gobierno de Vuestra Excelencia, más no sin que el Gobierno panameño presente ahora su más solemne y formal protesta por la exigencia y por el modo de llevarla a cabo, que considera como violatorio de su soberanía.[11]

16. ACTITUD PATRIÓTICA DE DON GUILLERMO ANDREVE FRENTE A LA OCUPACIÓN MILITAR DE LA PROVINCIA DE CHIRIQUÍ POR TROPAS DEL EJÉRCITO DE LOS ESTADOS UNIDOS, DESDE JUNIO DE 1918 HASTA EL 16 DE AGOSTO DE 1920.

El 1 de octubre de 1918 don Guillermo Andreve renunció a su cargo de Secretario de Instrucción Pública, obligado por la hostilidad y la presión que ejerció contra él William Jenning Price, Enviado Extraordinario y Ministro Plenipotenciario norteamericano en Panamá.

Don Guillermo Andreve, en su carácter de Secretario de Instrucción Pública, para hacer pública y notoria su protesta por la intervención militar de los Estados Unidos, no sólo en la Provincia de Chiriquí, sino también en las ciudades de Panamá y Colón, decidió suspender las festividades en honor del 4 de julio en todos los colegios de la República de Panamá. Para hondar algo más en torno a este hecho, transcribimos dos cartas que hablan por sí solas.

Panamá, 27 de abril de 1920
Honorable Frank L. Polk
Sub-Secretario de Estado
Washington
Mi estimado Polk:

Tuve el placer de recibir con gran expectación su carta del 3 de abril, en la cual me informa que no es el deseo del Gobierno de los Estados Unidos considerar permanentemente al Sr. Guillermo Andreve, residente de esta ciudad, como enemigo de su Gobierno.

Esta decisión es recibida con gran gozo de mi parte y de mis copartidarios políticos, ya que el Sr. Andreve es un amigo personal y también un joven caballero con mucho futuro en mi partido.

El incidente que le causó muchos problemas al Sr. Andreve fue verdaderamente infortunado y estoy seguro de que en el futuro,

---

[11] Memoria de Relaciones Exteriores. 1916. Págs. 183-184.

el Sr. Andreve dará grandes pruebas de su amistad hacia la Nación a la cual estamos ligadas perpetuamente.

Le doy gracias por su intervención favorable en la decisión.
Su seguro servidor,
(Fdo.)Belisario Porras
(Imagen No. 0129/Asunto No. 819.00/936).
Panamá, 24 de mayo de 1920

Distinguido señor:

Es un placer acusar recibo de su amable carta fechada el 8 de abril, que leí con profundo interés. Estoy contento de saber que en la misma fecha, Usted le escribió al Dr. Belisario Porras en respuesta a una carta mía y que él dirigió al Departamento de Estado de su país, con fecha del 3 de diciembre de 1918, que a pesar que el Gobierno americano deplora el hecho de que un alto funcionario del Gobierno de Panamá (como lo era yo en ese entonces) pudo expedir un decreto suspendiendo todas las festividades en las escuelas durante la ocupación de las tropas americanas, no es el deseo que este hecho sea un obstáculo permanente para mi proyección en el país.
Tanto el decreto al que usted se refiere, como también a los motivos que me inspiraron éste, los expliqué ampliamente en su significado real; sólo permítame darle las gracias por el interés que tomó en el asunto y le expreso mi satisfacción por la declaración que hizo al Dr. Porras, que considero un acto estricto de justicia.

Permítame afirmar una vez más que mi protesta en contra de un hecho que no considero conveniente ni necesario mencionar, no es un signo de antipatía hacia el Pueblo Americano o su Gobierno. Como panameño, estoy convencido de que es el interés del pueblo de Panamá mantener las relaciones más estrechas y cordiales con los Estados Unidos; pretendo obtener por todos los medios posibles un mejor entendimiento y mutuo acuerdo entre los dos países. En este sentido, me encontraré dispuesto todas las veces a dar mi respaldo total.

Soy señor,
De Usted respetuosamente,
(Fdo.) Guillermo Andreve

Al Honorable

Frank L. Polk
Asistente del Secretario de Estado, Washington, D. C.
(Imagen No. 0204, Asunto No. 819.00/946).

***

Estos hechos son ejemplos del intervencionismo estadounidense en Panamá. Según informe del señor Evenor Herrera, entonces Encargado de la Secretaría de Relaciones Exteriores panameña, la ocupación militar, lisa y llana, de toda la provincia de Chiriquí, desde julio de 1918 hasta el 16 de agosto de 1920, o sea, un poco más de dos años, tuvo el pretexto al día siguiente de las elecciones presidenciales del 7 de julio de 1918 en Panamá, de parte del ministro norteamericano William Jenning Price, que el envio a Chiriquí de un destacamento de 70 hombres fue con el fin de "que con su presencia, persuadieran a los promotores de disturbios que cesaran en sus persecuciones políticas o en sus desórdenes". Aunque el Gobierno de Panamá protestó ante el Departamento de Estado en Washington, D. C., la respuesta que aquél recibió de éste fue la misma de siempre: "Se habían recibido informes en el sentido que la vida de ciudadanos norteamericanos y de otros residentes extranjeros estaba en peligro, al igual que sus bienes". Según explica el historiador panameño Celestino Andrés Araúz, "en realidad, la situación de Chiriquí revestía especial interés para los norteamericanos en virtud de varios factores. Entre ellos debemos mencionar el hecho de que después de la finalización de las obras del Canal, algunos estadounidenses compraron tierras en esta provincia y se instalaron para trabajarlas. Esta situación creó conflictos y tensiones y el deslinde de las mismas no estaba definitivamente aclarado. Además, en la provincia había mucho cuatrerismo, al punto que éste fue uno de los argumentos esgrimidos por los estadounidenses para la permanencia de sus tropas". (Ver: <u>Historia de Panamá</u>. Fascículo Mensual No. 25. Diario "La Prensa". Octubre 14, 1992. Pág. 8).

<u>Nota</u>: Los documentos antes citados, y otros más relativos a estos hechos, se encuentran en: Universidad de Panamá, Facultad de Humanidades, Escuela de Inglés. Traducción de Documentos de los Archivos del Departamento de Estado de los Estados Unidos relacionados con los Asuntos Internos de la República de Panamá. 14 de abril-5de junio de 1920. Asuntos Políticos. Serie: M 607-Rollo de Microfilm No. 13-Imágenes 0123-0240. Traducido por Luis F. Gómez Y. Trabajo de Graduación para optar por el Título de Licenciado en Humanidades con especialización en inglés. Panamá, 1988.

141 pp. (El mencionado Rollo de Microfilm es parte del acervo del Centro Documental del Instituto del Canal de la Universidad de Panamá).

17. NOTA PROTESTA DE NARCISO GARAY DÍAZ, SECRETARIO DE RELACIONES EXTERIORES DE PANAMÁ, AL SECRETARIO DE ESTADO DE ESTADOS UNIDOS, CHARLES E. HUGUES, SOBRE LA PÉRDIDA DE LA REGIÓN DE COTO. AGOSTO DE 1921.

Washington, Agosto de 1921

Excelentísimo Señor:

Tengo el honor de acusar recibo de las muy importantes comunicaciones que se ha servido dirigirme Vuestra Excelencia con fechas 18 y 23 de los corrientes.

En la primera de ellas transcribe Vuestra Excelencia el texto del despacho que Su Excelencia el Ministro de los Estados Unidos en Panamá recibió con instrucciones de comunicar a mi Gobierno el 18 del actual a propósito de la determinación del Gobierno de los Estados Unidos de no seguir interponiendo su mediación amistosa entre Costa Rica y Panamá en el sentido de obtener de Costa Rica que demorara por más tiempo la toma de posesión de los territorios del Pacífico que le adjudicó una parte del laudo proferido por el Presidente de Francia el 11 de Septiembre de 1900. Esa comunicación ha visto la luz pública en diferentes diarios de esta capital y su contenido es universalmente conocido.

En la segunda nota transcribe Vuestra Excelencia el texto de la respuesta que ha dado el Gobierno en relación con la comunicación sobre si debía entender que el Gobierno de los Estados Unidos se apartaba del conflicto y dejaba a Panamá en libertad de entenderse con Costa Rica en el terreno de las armas o si, por el contrario, ese gobierno estaba dispuesto a impedir de todos modos que se renovaran las hostilidades entre Panamá y Costa Rica. Esa respuesta también pertenece ya al dominio público y sería superfluo reproducir aquí su contenido.

Simultáneamente con estos despachos, es público y notorio que el Gobierno de Vuestra Excelencia ha enviado a un batallón de marinos con el propósito de mantenerse listo a desembarcar en el territorio en disputa en caso de que Panamá intente defenderse del despojo que contra ella se va a consumar, imponiéndole así por medios coercitivos, la orden perentoria que el Gobierno de Estados Unidos le ha impartido de que acepte, mal de su agrado, la mitad meridional del Laudo Loubet…

Pero Vuestra Excelencia se ha mostrado inaccesible a esas sugestiones pacifistas (de parte del Secretario Garay) y ha preferido precipitar el desenlace colocando en la balanza del conflicto del poder militar o naval de los Estados Unidos e inclinándola a favor de Costa Rica y en contra de Panamá.

En presencia de la actitud inequívoca asumida por el Departamento de Estado de los Estados Unidos, Panamá se ve obligada a someterse a su duro destino; pero en su misma debilidad encuentra energía suficiente para clamar al cielo contra la injusticia y la violencia a que se la sujeta, y para declarar que mientras palpiten corazones panameños en el mundo, conservará viva la herida profunda inferida a su dignidad y a su altivez y mirará con ansiedad hacia el porvenir en espera de esa justicia redentora que hoy día se le deniega, pero que llegará para ella algún día por inexorable designio de Dios.

El Gobierno de los Estados Unido, asumiendo poderes que no le confiere el Tratado del Canal, ni las leyes ni la Constitución de Panamá, ha actuado como un Tribunal en este conflicto…El Gobierno de los Estados Unidos interpretando a su arbitrio y extensivamente el Tratado del Canal, y prescindiendo del derecho que tiene la otra parte contratante a interpretar el Tratado del que es signataria, le señala límites a la República de Panamá sin intervención ni consentimiento de ésta.

El Gobierno de los Estados Unidos, por último, dando un paso de grandísimas consecuencias para el porvenir de la causa del arbitraje, acaba de constituirse en poder ejecutivo internacional, compeliendo a otras soberanías al cumplimiento de los fallos arbitrales.

Mi gobierno considera estos hechos como otros tantos excesos de poder que afectan hondamente la independencia y soberanía de la Nación Panameña, y de la manera más formal y solemne protesta contra ellos ante el Gobierno de Vuestra Excelencia.[12]

---

[12] Secretario de Relaciones Exteriores. **Controversia de límites entre Panamá y Costa Rica.** Tomo II. Imprenta Nacional. Panamá. 1921. Págs. 477-48

18.   EL MOVIMIENTO INQUILINARIO DE 1925

En el mes de octubre de 1925 se produce en Panamá una de las intervenciones estadounidenses de mayor relieve y significado, ya que el motivo original de la misma se debió a una lucha de carácter económico-social estrictamente interna, la **primera confrontación** entre algunos sectores de la clase media y popular y los intereses de la clase dominante panameña, representada en esos momentos, principalmente, por los propietarios de bienes raíces urbanos y el propio presidente de la República, Rodolfo F. Chiari, sus familiares y amigos íntimos. Esa confrontación es la que se conoce con la denominación de **"movimiento inquilinario de 1925"**.

A finales de agosto de 1925, **El Heraldo**, diario panameño, hizo un llamado de atención al gobierno de turno, en un artículo titulado ***Problemas de los alquileres. Dueños y especuladores de fincas urbanas.*** El problema social de la vivienda para pobres comenzó desde la época del intento de los franceses de construir el Canal de Panamá, cuando se levantaron muchas barracas y casas de madera en las ciudades de Panamá y Colón, para alquilárselas principalmente a los obreros que procedían de las islas antillanas. Ese problema social se fue agravando cada vez más, hasta que estallaron las protestas populares en 1925, cuando los propietarios aumentaron entre el 25% al 50% el precio de los alquileres de las casas "para pobres" en las ciudades de Panamá y Colón. Los propietarios, junto con el gobierno, muy pronto prohibieron esos movimientos de protesta y, en atención a solicitud de éste, el **12 de octubre de 1925**, unos 600 soldados estadounidenses procedentes de la Zona del Canal se tomaron la ciudad Panamá e instalaron sus "cuarteles" en los parques de Santa Ana y De Lesseps. En ese momento, desde el punto de vista práctico, el Istmo de Panamá quedó bajo la jefatura del mayor general William Lassister, Comandante Jefe de las tropas estadounidenses en la Zona del Canal, quien, en una "proclamación a las autoridades y al pueblo de la municipalidad de la ciudad de Panamá, República de Panamá", ordenó al mayor general C.H. Martín, del ejército de los Estados Unidos, asumir el servicio de Policía de la ciudad de Panamá y de los territorios y puertos adyacentes a ella, y mantener allí el orden público.

...en las últimas horas de la tarde (12 de octubre de 1925) el pueblo se enfrentó a los vencedores (las tropas norteamericanas). Después del entierro de Fermín Jaén {muerto por la Policía Nacional} un grupo de inquilinos se dirigió a la oficina de la liga {de inquilinato} situada en calle 16 oeste y se encontró con que algunos soldados habían allanado dicha oficina. Unánime fue la protesta y a ésta siguió, inmediatamente la acción. Uno de los primeros en caer fue el panameño Julián Camarena, con una lanzada {bayonetazo} en la ingle (murió el 16 de octubre). Poco después a Rafael Echevarría, panameño también, le es atravesado su muslo izquierdo por un bayonetazo...Un joven panameño de 22 años, Damián Cabrera, no pudo huir. Fue acorralado en un corredor de las casas de calle 16 oeste, y allí cayó, atravesado por las bayonetas.[13]

Las tropas norteamericanas se retiraron de la ciudad de Panamá entre el 15 y 23 de octubre. El Gobierno del presidente Rodolfo F. Chiari agradeció entusiasmado la intervención armada estadounidense por medio de una nota oficial, al igual que lo hizo también el presidente-fundador de la Cámara de Comercio de Panamá, Horacio H. Alfaro.

En el Archivo Nacional de Panamá debe encontrarse todavía un legajo encontrado accidentalmente por Juan Antonio Tack en 1962, con el título: Expediente **levantado por el Juez Superior de la República-Sumario para la averiguación de los hechos ocurridos en Santa Ana el día 10 de octubre de 1925-.** Entre los documentos de ese sumario se halla el escrito en defensa de uno de los sindicados **Gabino Sierra Gutiérrez**, presentado a los magistrados de la Corte Suprema de Justicia, con fecha de 16 de marzo de 1926 (26 pp.), por el **Dr. Galileo Solís**, uno de los panameños más respetados en los campos del derecho, las finanzas públicas y las relaciones de Panamá con los Estados Unidos. En parte de su alegato, el Dr. Solís escribió lo siguiente:

***Primera cuestión: ¿Qué hechos constituyen delito contra la patria?** Nuestro Código Penal define y castiga los delitos contra la Patria en los artículos 98 a 108 que paso a analizar:*

***Artículo 98.** Este artículo señala la pena de 20 años de reclusión al responsable de un acto que tenga por objeto*

---

[13] Cuevas, Alexander. **"El Movimiento Inquilinario de 1925".** Revista TAREAS No. 14. Panamá, 1965. Págs. 34-35

someter a la República en todo o en parte a un poder extranjero, aminorar su independencia o quebrantar su unidad.

Los organismos débiles pueden hacer en momentos propicios un esfuerzo y demostrar la pujanza de los seres fuertes, pero luego viene la reacción contraria. Eso le ocurrió al Gobierno después del 10 de octubre. El día 11 estaba agotado por el esfuerzo de la noche anterior y había perdido toda su fuerza, y débil y sin cabeza no pudo menos que confesar su impotencia y llamar a los yanquis o aceptar que estos vinieran, que para el caso es lo mismo. Y esta ciudad (Panamá) tuvo que sufrir una nueva humillación con el consentimiento del gobierno, único responsable de lo ocurrido, por falta de coraje y nervio suficiente para mantener sin auxilio extraño y sin oprimir al pueblo, el poder que la ley y el voto popular depositaron en sus manos…Una vez administrara el Gobierno la inyección de fuerzas extrañas volvió la ostentación de mando pero ostentación poco inteligente.

19. TRATADO GENERAL DE AMISTAD O COOPERACIÓN ENTRE LOS ESTADOS UNIDOS Y LA REPÚBLICA DE PANAMÁ. (TRATADO GENERAL DEL CANAL DE PANAMÁ) 2 DE MARZO DE 1936.

En 1932 fue elegido Presidente de Panamá el **Dr. Harmodio Arias Madrid,** siendo la primera vez, desde la independencia de Colombia, que ninguno de los partidos políticos contendientes solicitara la intervención de los Estados Unidos. En ese momento, había quedado pendiente el **Tratado del Canal de 1926,** negociado por los doctores Ricardo J. Alfaro y Eusebio A. Morales, "con el fin de resolver o atenuar algunos de los asuntos derivados del Tratado Hay-Bunau Varilla". Este Tratado resultó tan inaceptable que los diputados de la época no se atrevieron a darle su aprobación y decidieron "suspender" (no fue rechazado) su consideración "hasta tanto el Poder Ejecutivo haya tenido oportunidad para gestionar una vez más lo conducente a conseguir soluciones que satisfagan plenamente las aspiraciones de la Nación."

En la que podría denominarse "etapa revisionista" del Tratado de 1903, el Dr. Harmodio Arias Madrid trata de aprovechar la llamada "política del buen vecino", del presidente Franklin Delano Roosevelt, para lograr que los Estados Unidos accedieran a modificar algunas cláusulas onerosas de aquel Tratado. De esa manera, se llegó a firmar el **Tratado General de Amistad y Cooperación entre los Estados Unidos y la**

República de Panamá de 1936, cuyos dos logros importantes fueron:

1.   En el artículo 1ro. desaparece la obligación que Estados Unidos tenía de "garantizar y mantener la independencia de la República de Panamá", y

2.   También desaparece en el artículo 6to. el derecho y la autoridad que concedía a Estados Unidos el parágrafo tercero del artículo VII de la Convención del 18 de noviembre de 1903 "para el mantenimiento del orden público en las ciudades de Panamá y Colón y en los territorios y bahías adyacentes, en caso de que la República de Panamá, a juicio de Estados Unidos, no estuviese en capacidad de mantenerlo".

Se avanzó así en el proceso histórico de la consolidación de la Nación panameña.

20.   "ACUERDO DE LOS DOCE PUNTOS" ENTRE PANAMA Y ESTADOS UNIDOS. CONVENIO DE COMPENSACIÓN.   18 DE MAYO DE 1942 Y NOTA PATRIÓTICA DE RAÚL DE ROUX, CANCILLER PANAMEÑO.

Cuando Panamá y Estados Unidos firmaron el Tratado de 1936, no se vislumbraba que cuatro años más tarde la Segunda Guerra Mundial obligaría a una amplia expansión de la defensa del Canal por parte de Estados Unidos, frente a una administración en Panamá (la del Dr. Arnulfo Arias Madrid de 1940-1941) que había desplegado una gran hostilidad hacia los Estados Unidos*.

En las discusiones iniciales con el gobierno de Arnulfo Arias Madrid, en octubre de 1940, el Departamento de Estado solicitó de Panamá el alquiler de 71 sitios de defensa (fuera de la Zona del Canal) aparte del uso exclusivo de Río Hato por los militares norteamericanos, y que cubría aproximadamente 19,000 acres, más que todos los otros sitios juntos.   Las discusiones específicas comenzaron el 11 de octubre de 1940 entre el Embajador de los Estados Unidos en Panamá, señor William Dawson, y el Ministro de Relaciones Exteriores de Panamá, Prof. Raúl De Roux.   Según los documentos confidenciales del Departamento de Estado sobre este asunto, "desde el comienzo de las discusiones se revelaría el estado mental que la administración Arias mantendría a través de las negociaciones. Para los panameños era doloroso saber que el ejército norteamericano quería "tierras adicionales en Panamá" menos de dos años después de ratificado el Tratado de 1936." **

Como respuesta inicial a esta solicitud de los Estados Unidos, la administración de Arnulfo Arias presentó un **Memorándum de 12 puntos**, cuyo punto #6 contenía una exigencia de corte netamente racista y discriminatorio, que decía textualmente lo siguiente:

6. Que los jamaicanos traídos para trabajar en la construcción del Canal sean repatriados y que se formule una promesa formal de no traer más contingente. Que los trabajadores que se necesiten en las obras del Canal sean traídos de países latinos-americanos siempre y cuando no pertenezcan a razas cuya inmigración sea prohibida por la constitución panameña.

Estados Unidos, como siempre comenzó por solicitar que el Acuerdo fuese por 99 años prorrogables. A esta propuesta y a otras el canciller panameño Raúl De Roux contestó con una histórica y patriótica nota, de fecha 3 de diciembre de 1940, dirigida al embajador Dawson, en el cual expresó, entre otras posiciones panameñas, las siguientes:
Panamá no tiene obligación de permitir la virtual ocupación militar del Istmo por los Estados Unidos…El artículo 2 del Tratado de 1936, relativo a "contingencias imprevistas", invocado por los Estados Unidos, se aplica a fenómenos naturales, tales como terremotos y no a situaciones militares.

Posteriormente, el ministro De Roux viajó a Washington, D. C., llevando una propuesta escrita abarcadora sobre los "doce puntos" del posible acuerdo, propuesta que comenzaba por expresar que "Panamá, bajo este acuerdo, retendría su jurisdicción y soberanía territorial excepto para el personal militar en servicio y para casos de

*La fuente documental para este tema es la publicación mimeografiada: THE **UNITED STATES AND PANAMA, 1933-1949.** Research Project No. 499. Division of Historical Policy Research, Department of State, Washington, D.C. 1951, 299 PP. Research done by Almon R. Wright, of the Foreign Policy Studies Branch.
**Wright, Almon R. Obra citada.

espionaje en que no estuviesen envueltos panameños". También la propuesta planteaba amplias compensaciones

económicas para Panamá. Esa propuesta fue considerada por el Departamento de Estado de los Estados Unidos como "la más insatisfactoria que se
pudiera imaginar". De acuerdo con el estudio elaborado por el historiador del Departamento de Estado, Almon R. Wrigth, "el prospecto para un acuerdo entre los Estaos Unidos y Panamá fue notablemente mejorado después del derrocamiento del régimen de Arias y la elevación a la presidencia de Panamá de Ricardo Adolfo De La Guardia, el 8 de octubre de 1941". Efectivamente, aunque las negociaciones continuaron por siete meses más, el 18 de mayo de |942 se anunció la culminación del **"Acuerdo de Doce Puntos"** entre Panamá y los Estados Unidos. Es indudable que Panamá logró obtener algunos nuevos y justos beneficios por parte del gobierno estadounidense. Para los objetivos concretos de este libro, basta con señalar algunos de esos beneficios más importantes.*

1.   El traspaso al Gobierno de Panamá, libre de gastos, de todos sus derechos, títulos e intereses del sistema de alcantarillado y acueductos en las ciudades de Panamá y Colón;

2.   El traspaso a la República de Panamá de importantes y valiosos lotes de terrenos pertenecientes al Ferrocarril de Panamá, en las ciudades de Panamá y Colón;

3.   La obligación por parte del Gobierno de los Estados Unidos de construir un túnel o puente que permita el tránsito por debajo o sobre el Canal en Balboa;

4.   Asunción del costo total de la carretera de Río Hato por los Estados Unidos ($2,500,000);

5.   Concesión a Panamá del "corredor transístmico" a la ciudad de Colón bajo la jurisdicción panameña, y

6.   Aumento de empleo para ciudadanos panameños en la Zona del Canal, "hasta donde fuera posible".

*El texto completo de este "Acuerdo de los 12 puntos (conocido también como "Convenio sobre Compensaciones de 1942") es bastante extenso para transmitirlo aquí. Se puede consultar, por ejemplo, en: Ernesto Castillero Pimentel, <u>Panamá y los Estados Unidos</u>, Editora Humanidad, S. A., Panamá, Segunda Impresión, 1964, pp XCV-

CI, y en Diógenes A. Arosemena, Historia Documental del Canal de Panamá, Segunda Edición , Volumen II, INAC, Panamá, 1997, Págs. 331-335

21. RECHAZO POR PANAMÁ DEL CONVENIO DE BASES FILÓS-HINES. 12 Y 22 DE DICIEMBRE DE 1947.

A finales del 1945 la Asamblea Nacional de Panamá decidió considerar el tema de la fecha de finalización del **Convenio de arrendamiento de Sitios de Defensa a los Estados Unidos, del 18 de mayo de 1942**. Consultado al respecto, el **Dr. Ricardo J. Alfaro** opinó que esa finalización coincidía con el "Convenio definitivo de Paz" de la Segunda Guerra Mundial, que era el armisticio firmado a bordo del barco de guerra norteamericano "Missouri", el 11 de ept. de 1945, por medio del cual Japón se rindió incondicionalmente a los aliados. Mientras tanto, los norteamericanos continuaron ocupando los más de 130 sitios de defensa en todo el territorio panameño.

El Presidente de Panamá, **Enrique A. Jiménez,** presionado por los Estados Unidos, y por su propia cuenta y riesgo, intentó utilizar el famoso **Tratado Interamericano de Asistencia Recíproca (TIAR),** suscrito en septiembre de 1947, para tratar de convencer a los panameños de la necesidad de "concertar un nuevo Convenio de bases militares con los Estados Unidos", que fuese, en realidad, una continuación del anterior del 18 de mayo de 1942. Como resultado, y previa renuncia del canciller, Dr. Ricardo J. Alfaro, el embajador de los Estados Unidos en Panamá, Frank T. Hines, y el Ministro de Gobierno y Justicia, encargado de Relaciones Exteriores, Francisco Filós, firmaron el 10 de diciembre de 1947, el nuevo Convenio sobre Sitios de Defensa, el cual de inmediato recibió el repudio de grupos organizados de la juventud panameña, agrupados, sobre todo, en la Federación de Estudiantes de Panamá (FEP) y el Frente Patriótico de la Juventud.

Con el mencionado Convenio Filós-Hines, la República de Panamá quedaba siendo, de manera más patente y concreta, lo que había sido desde el 3 de noviembre de 1903. Un protectorado militar de los Estados Unidos. Sin embargo, se produjo en Panamá uno de los fenómenos sociales de mayor contenido nacionalista, cuando el pueblo se lanzó a las calles **el 12 de diciembre de 1947**, a repudiar aquel pacto de bases militares. Hubo grandes enfrentamientos con la Policía Nacional, y uno de los manifestantes, Sebastián Tapia, resultó herido quedando inválido de por vida; pero la protesta popular obligó a la Asamblea Nacional de Panamá a rechazar el Convenio Filós-Hines el 22 de diciembre de 1947.

22. EL TRATADO DE MUTUO ENTENDIMIENTO Y COOPERACIÓN ENTRE LOS ESTADOS UNIDOS Y LA REPÚBLICA DE PANAMÁ. (REMÓN-EISENHOWER), 25 DE ENERO DE 1955.

En lo substancial, ese fue un Tratado de tipo comercial, el cual no cambió, en lo fundamental, las partes más lesivas para Panamá del Tratado de 1903. Todavía queda la interrogante de por qué, el coronel José Antonio Remón Cantera, tan conocido amigo de los Estados Unidos, utilizó como consigna de su negociación la conocida frase: "NI MILLONES NI LIMOSNAS, QUEREMOS JUSTICIA". Este Tratado logró el primer aumento "verdadero" de la anualidad del Canal a Panamá; se pasó de B/. 430,000. a B/. 1, 930,000.

23. "OPERACIÓN SOBERANÍA" EN LA ZONA DEL CANAL. 2 DE MAYO DE 1958. "SIEMBRA DE BANDERAS".

En 1958, estudiantes de la Universidad de Panamá, dirigidos por Carlos Arellano Lennox, presidente de la Unión de Estudiantes Universitarios, (UEU), realizaron una acción de reafirmación de la soberanía panameña en la Zona del Canal, que tuvo un gran significado nacionalista para todos los panameños. Como parte de lo que se conoció como "Operación Soberanía", el **2 de mayo de 1958,** los universitarios sembraron en los predios de la Zona del Canal 75 banderas panameñas.

Las autoridades de la Zona del Canal calificaron la acción de los estudiantes universitarios como ridícula. Pero, de todos los sectores del país, y del exterior comenzaron a llegar mensajes de adhesión a la causa nacional panameña. El entonces presidente de la República Ernesto De La Guardia, declaró que desde ese mismo instante su gobierno iniciaría las gestiones que fueran del caso realizar para conseguir que la bandera panameña flameara en territorio de la Zona del Canal. Para este propósito, designó al entonces canciller panameño, Aquilino Boyd, quien debía reunir al Consejo Nacional de Relaciones Exteriores como ente asesor en este asunto. Fue un paso adelante del pueblo en marcha por recuperar su soberanía total y completa jurisdicción en la Zona del Canal.

24.   MANIFESTACIONES 3- 4 y 28 DE NOVIEMBRE DE 1959.

La experiencia del 2 de mayo de 1958 tuvo su eco los días 3-4 y 28 de noviembre del año siguiente.

El día 3 de noviembre, fecha en que se cumplía un año más de nuestra separación de Colombia, el Lic. Aquilino Boyd, diputado de la Asamblea Nacional de Panamá, y el Dr. Ernesto Castillero Pimentel, catedrático de la Universidad de Panamá, encabezaron una manifestación de un grupo de personalidades panameñas que pasearon la bandera nacional por las ciudades de Panamá y Colón como reafirmación de la soberanía de la República de Panamá sobre el territorio de la llamada Zona del Canal. La acción del distinguido grupo de panameños recibió el total respaldo de los estudiantes y el pueblo en general, más no así, como era de suponer, de las autoridades zoneítas, que repelieron violentamente a los manifestantes. Los panameños reaccionaron furiosamente, y durante todo el día 3 de noviembre se produjeron choques que dejaron numerosos heridos entre unos y otros.

El 28 de noviembre del mismo año, en ocasión de la celebración de la Independencia de Panamá de España, hubo nuevamente manifestaciones bajo la consigna de la reafirmación de la soberanía total de la República de Panamá sobre todo su territorio, particularmente el de la Zona del Canal.

25. MANIFESTACIÓN PATRIÓTICA EN EL PUENTE DE LAS AMÉRICAS. 12 DE OCTUBRE DE 1962.

El 12 de octubre de 1962, cientos de panameños de todas las edades y sexo concurrieron al Puente de las Américas en una demostración de profundo patriotismo, y en el acto de inauguración de uno de los puentes de arco de amarre más grande del mundo, impidieron que el estadounidense Maurice Thatcher, invitado de honor, pronunciara su discurso bautizando la majestuosa obra de concreto y acero con el nombre de "Thatcher Ferry Bridge".

En una acción heroica, varios jóvenes arriesgaron su vida al subirse por las vigas del puente a casi 400 pies de altura e inflamaron el corazón de todos los panameños izando nuestra bandera nacional en lo alto de la estructura. Ese día el pueblo reafirmó su volunta de llamar a la obra con el nombre de Puente de las Américas y gracias a la solidaridad de muchos pueblos del mundo, particularmente latinoamericanos, ese es el nombre con el que hoy se le conoce.

Días antes, exactamente el 1ro. de octubre de ese mismo año, estudiantes de la Universidad de Panamá, bajo la conducción de la Unión de Estudiantes Universitarios (UEU) y de la Federación de Estudiantes de Panamá (FEP), habían realizado una inauguración simbólica llamando la construcción Puente de las Américas y rechazando el nombre que le dieron los norteamericanos.

La manifestación en el Puente de las Américas revistió las características de un acto más de reafirmación de nuestra identidad nacional latinoamericana.

26   GESTA HEROICA DEL 9 DE ENERO DE 1964.

Inició la etapa final de la lucha generacional por la eliminación total del Tratado Hay-Bunau Varilla de 1903 y su ominosa cláusula de la perpetuidad. Dio lugar a la decisión patriótica del presidente de Panamá, Roberto F. Chiari, de romper relaciones diplomáticas con Estados Unidos "por los actos de despiadada agresión llevados a cabo por las fuerzas armadas de los Estados Unidos acantonadas en la Zona del Canal, contra la integridad territorial de la República y su población civil indefensa durante los días 9 y 10 de enero de 1964".

Durante tres días seguidos, el 9, 10 y 11 de enero de 1964, la población panameña protagonizó en la calles la mayor sublevación y más firme repudio a la presencia colonialista de Estados Unidos en nuestro país. 21 compatriotas ofrendaron sus vidas por la causa panameña de la **soberanía total** en la Zona del Canal. He aquí sus nombres y sus edades:

Maritza Alabarca Ávila, 6 meses; Rosa Elena Landecho, 13 años; Gonzalo Crancc, 14 años; Vicente Bonilla, 15 años; José Del Cid Jr.,16 años; Jorge Enrique Gill,17 años; Estanislao Orobio,18 años; Carlos Renato Lara, 18 años; Ascanio Arosemena, 20 años; Jacinto Palacios Cobos, 23 años; Ovidio Lizardo Saldaña, 25 años; Víctor M. Iglesias, 26 años; Ezequiel González Meneses,28 años; Víctor M. Garibaldo, 29 años; Rodolfo Benítez Sánchez, 33 años; Alberto Nicolás Constance, 35 años; Alberto Oriol Jr., 36 años; Teófilo Belisario De la Torre, 38 años; Ricardo Murgas V., 40 años; Celestino Villarrueta Ruíz, 43 años y Rogelio Lara, 70 años.

La ignominiosa agresión estadounidense dejó además decenas de heridos. Acontecimientos políticos de trascendental importancia en la vida nacional se dieron a continuación. Así tenemos:

- Denuncia de agresión contra el Gobierno de los Estados Unidos por parte de la República de Panamá ante la Organización de los Estados Americanos (OEA).

- Iniciación de negociaciones en firme entre Panamá y Estados Unidos para lograr un Tratado del Canal enteramente nuevo sin cláusula de perpetuidad.

Declaración Conjunta Moreno-Bunker. 3 de abril de 1964:

De conformidad con las amistosas declaraciones de los Presidentes de los Estados Unidos de América y de la Republica de Panamá del 21 y 24 de marzo de 1964, respectivamente, adjuntas al presente, que coinciden en un sincero deseo de resolver favorablemente todas las diferencias entre los dos países; reunidos bajo la presidencia del señor Presidente del Consejo y luego de reconocer la valiosa cooperación prestada por la Organización de los Estados Americanos, a través de la Comisión Interamericana de Paz y de la Delegación de la Comisión General del Órgano de Consulta, los representantes de ambos gobiernos han acordado:

1.   Restablecer relaciones diplomáticas.

2.   Designar sin demora Embajadores Especiales con poderes suficientes para procurar la pronta eliminación de las causas de conflicto entre los dos países, sin limitaciones ni precondiciones de ninguna clase.

3.   En consecuencia, los embajadores designados iniciarán de inmediato los procedimientos necesarios con el objeto de llegar a un convenio justo y equitativo que estaría sujeto a los procedimientos constitucionales de cada país.

27.   RECHAZO DE LOS TRES PROYECTOS DE TRATADOS DEL CANAL DE 1967. "LOS TRES EN UNO".

Como se ha dicho antes, con los sucesos del 9 de enero de 1964, que expidió la partida de defunción del Tratado Hay-Buneau Varilla, quedaba cerrado el largo debate **revisionista** comenzado en agosto de 1904. Este hecho incontrastable aparece reconocido en la **Declaración Conjunta del 3 de abril de 1964**.

La etapa **abrogacionista** de las negociaciones de un nuevo Tratado con los Estados Unidos, se podría decir que dura aproximadamente 13 años, o sea, desde 1964 hasta 1977, aunque dividida en dos períodos diferentes. El **primer período** transcurre entre el 21 de junio de 1964 y el 22 de junio de 1967, cuando los negociadores panameños Diógenes de la Rosa, Ricardo Alberto Arias, Roberto Alemán y Guillermo Chapman Jr., entregaron al gobierno del presidente Marco A. Robles, los Proyectos de Tratados conocidos popularmente como **"tres en uno"**. Una vez conocido los textos de esos proyectos en nuestro país, primeramente por medio de fuentes externas, los grupos de opinión más respetados en el suelo patrio comenzaron a manifestar su descontento e insatisfacción por el contenido de los mismos. La oposición de las organizaciones estudiantiles más importantes (FEP y UEU) fue tajante. Igualmente los rechazaron personalidades como el Dr. Carlos Iván Zúñiga y organizaciones políticas como el Partido del Pueblo, el Partido Comunista de Panamá. En vista de que casi al mismo tiempo comenzaba a tomar vapor la campaña política en Panamá para las elecciones presidenciales de 1968, el gobierno de Marco Robles prácticamente archivó los tres proyectos y se abstuvo, en consecuencia, de tomar decisión respecto a ello.

Cuando se produce el Golpe de Estado del 11 de octubre de 1968, el nuevo gobierno entre varios asuntos de trascendencia, hereda los Tres Proyectos de Tratados de 1967 y con ello también, la responsabilidad de qué decisión tomar con respecto a los mismos. El general Torrijos aceptó la idea de que se realizara un estudio detallado y pormenorizado de los artículos de cada uno de los Proyectos de Tratados, tarea realizada por un connotado grupo de asesores de la Cancillería panameña, entre los cuales figuraban, principalmente, los doctores Galileo Solís y Hernán Porras. Como resultado de este estudio se elaboró un documento poco conocido por la mayoría de los panameños, titulado: **FUNDAMENTOS DE LA POSICIÓN DE LA CANCILLERÍA PANAMEÑA EN RELACIÓN CON EL RECHAZO POR PARTE DE PANAMÁ DE LOS TRES PROYECTOS DE TRATADOS DE 1967,** con fecha 30 de marzo de 1970. Ese extenso documento terminaba expresando en forma de silogismo lo siguiente:

Las negociaciones iniciadas con la Declaración Conjunta del 3 de abril de 1964 tenían por finalidad expresa: **"Procurar la pronta eliminación de las causas de conflicto entre los dos países"**. Los tres proyectos de nuevos Tratados sometidos en 1967 a la consideración del Órgano Ejecutivo, **no eliminaban ninguna de las siete principales causas de conflictos.**

Conclusión: Los tres proyectos de Tratados no cumplen con la finalidad de "procurar la pronta eliminación de las causas de conflictos entre los dos países".

Por todas estas razones, Panamá estima que los Proyectos de Tratados en cuestión no son utilizables ni siquiera como base de futuras negociaciones.

El **rechazo oficial**, (cosa que no se había hecho todavía) de los Tres Proyectos de Tratados de 1967, abre el **segundo período** de la etapa abrogacionista y le fue comunicado al Gobierno de los Estados Unidos, mediante **nota oficial DM-225**, del **25 de agosto de 1970**, que envió al entonces Secretario de Estado de los Estados Unidos, señor William P. Rogers, el ministro de Relaciones Exteriores de Panamá, Lic. Juan Antonio Tack, siguiendo instrucciones del general Torrijos. (Los documentos completos de este tema se encuentran en las MEMORIAS del Ministerio de Relaciones Exteriores de Panamá. Sin embargo, hay una buena recopilación de documentos fundamentales de las negociaciones, a partir de 1970, en: Revista **Lotería**, [1] 266 y 267, Abril-Mayo de 1978).

28.   REUNION DEL CONSEJO DE SEGURIDAD DE LA ONU EN PANAMÁ. 15 AL 21 DE MARZO DE 1973.

Fue uno de los triunfos políticos y diplomáticos estratégicos más importantes del Gral. Omar Torrijos Herrera. Lograr que en marzo de 1973 el Consejo de Seguridad de las Naciones Unidas saliera de su sede permanente en Nueva York, para reunirse en América Latina en uno de sus países más pequeños. No lo ha vuelto a hacer desde entonces.

El objetivo principal de esa reunión fue utilizar ese foro internacional para denunciar al mundo las injustas relaciones que Estados Unidos había impuesto a Panamá en el Tratado de 1903, y exponer las legítimas aspiraciones panameñas de lograr un nuevo tratado que eliminará todas esas injusticias, incluyendo el enclave colonial de la "Zona del Canal". Tal objetivo se logró como resultado del esfuerzo, tanto del Gral. Torrijos como el presidente de la República, Ing. Demetrio Basilio Lakas, aunado a la habilidad y experiencia diplomática del Lic. Aquilino Boyd, el Dr. Rómulo Escobar Betancourt, el Dr. Carlos Alfredo López Guevara, el Dr. Diógenes De La Rosa, y el Lic. Nicolás González Revilla. Y por supuesto, el Lic. Juan Antonio Tack, coautor de este libro. (Nota de M.M.G.)

Al final de su discurso inaugural el Gral. Torrijos manifestó lo siguiente: **"Nunca hemos sido, no somos, ni nunca seremos, Estado asociado, colonia o protectorado, ni queremos agregar una estrella más a la bandera de los Estados Unidos".** Panamá propuso una resolución donde se le exigía a Estados Unidos el compromiso formal ante el mundo de respetar la soberanía panameña en todo su territorio. De los países miembros del Consejo de Seguridad, Panamá recibió el apoyo mayoritario de 13 países que representaban la totalidad de las áreas del mundo. Gran Bretaña se abstuvo y Estados Unidos vetó la resolución

El canciller Juan Antonio Tack, en calidad de Presidente del Órgano de Naciones Unidas, al clausurar las sesiones del Consejo de Seguridad, el 21 de marzo en la tarde, dijo para la historia:

"Estados Unidos vetó el proyecto de resolución en apoyo de la causa panameña, pero el mundo entero vetó a los Estados Unidos".

La reunión del Consejo de Seguridad consolidó la unidad del pueblo panameño en su lucha por obtener la plena soberanía y jurisdicción sobre todo su territorio, incluyendo la Zona del Canal, así como la posesión del propio Canal. Con la universalización de nuestra causa, a Estados Unidos no le quedó más remedio que continuar las negociaciones, iniciadas a partir de la cruenta **Gesta Heroica de Enero de 1964.**

29. "ACUERDO DE PRINCIPIOS" TACK-KISSINGER. (DE LOS 8 PUNTOS). 7 DE FEBRERO DE 1974.

La reunión del Consejo de Seguridad de la O.N,U. en Panamá fue seguida de otra reunión, en septiembre de 1973, en Nueva York, entre Henry Kissinger, Secretario de Estado de los Estados Unidos, el recién designado nuevo jefe negociador por los Estados Unidos, Embajador Especial Ellsworth Bunker y el Lic. Juan Antonio Tack, Canciller de Panamá.

Kissinger y Bunker plantearon la conveniencia de continuar las negociaciones, pero de una manera diferente, esto es, tomando en cuenta las experiencias históricas vividas por ambos países desde 1903. Quizás en la confluencia de pensamientos para un nuevo método de negociación influyó el hecho de que Kissinger, además de hábil diplomático, era un consumado y profundo historiador, y Tack, por su parte, profesor de historia.

De esa manera, se acordó que, en vez de comenzar a negociar directamente proyectos de Tratados, artículo por artículo, se tratara primera de lograr un "acuerdo general de principios" sobre los principales temas, que sirviera de base a una posterior negociación de los detalles. Así, entre octubre de 1973 y enero de 1974, se negoció ese acuerdo de principios en Panamá (Isla Contadora) y el 7 de
febrero de 1974, Kissinger viajó especialmente a la ciudad de Panamá para suscribir ese acuerdo, *** que sería conocido como **"Acuerdo de 8 puntos"**. Son los siguientes:

1.   El Tratado de 1903 y sus enmiendas serán abrogados al concertarse un tratado enteramente nuevo sobre el Canal Interoceánico.

2.   Se eliminará el concepto de perpetuidad. El nuevo tratado relativo al canal de esclusas tendrá una fecha de terminación fija.

3.   La terminación de la jurisdicción de los Estados Unidos de América en territorio panameño se realizará prontamente, de acuerdo con los términos especificados en el nuevo tratado.

4.   El territorio panameño en el cual se halla situado el Canal será devuelto a la jurisdicción de la República de Panamá. La República de Panamá, en su condición de soberano territorial, conferirá a los Estados Unidos de América, por la duración del nuevo tratado sobre el Canal Interoceánico y conforme se establezca en el mismo, el derecho de uso sobre las tierras, aguas y espacio aéreo que sean necesarios para el funcionamiento, mantenimiento, protección y defensa del Canal y el tránsito de las naves.

5. La República de Panamá tendrá una participación justa y equitativa en los beneficios derivados de la operación del Canal en su territorio. Se reconoce que la posición geográfica de su territorio constituye el principal recurso de la República de Panamá.

6. La República de Panamá participará en la Administración del Canal, de conformidad con un procedimiento que habrá de ser acordado en el Tratado. También se estipulará en el Tratado que la República de Panamá asumirá la total responsabilidad por el funcionamiento del Canal a la terminación del Tratado. La República de Panamá conferirá a los Estados Unidos de América los derechos necesarios para regular el tránsito de las naves a través del Canal y operar, mantener, proteger y defender el Canal, y para realizar cualquier otra actividad específica en relación con esos fines, conforme se establezca en el Tratado.

7. La República de Panamá participará con los Estados Unidos de América en la protección y defensa del Canal, de conformidad con lo que se acuerde en el nuevo Tratado.

8. Los Estados Unidos de América y la República de Panamá, reconociendo los importantes servicios que el Canal Interoceánico de Panamá brinda al tráfico marítimo internacional y teniendo en cuenta la posibilidad de que el presente Canal podrá llegar a ser insuficiente para dicho tráfico, convendrán bilateralmente en provisiones sobre obras nuevas que amplíen la capacidad del Canal. Esas provisiones se incorporarán en el nuevo Tratado de acuerdo con los conceptos establecidos en el Principio 2.

***El texto oficial y completo de los 8 puntos se puede obtener en el Ministerio de Relaciones Exteriores de Panamá.

La firma se realizó en una ceremonia que se efectúo en el actual Palacio Legislativo. (En el mismo lugar donde un año antes se había desarrollado la reunión del Consejo de Seguridad de la ONU). En esa ocasión, Kissinger pronunció un discurso que pudiéramos calificar como de intento de reconciliación histórica entre Estados Unidos, Panamá y todo el resto de América Latina.

Lo principal de ese acuerdo consistió en que dejó claro el compromiso de los Estados Unidos con Panamá de hacer un Tratado del Canal verdaderamente nuevo, que eliminara la perpetuidad y estableciera fecha fija, no más allá del fin de siglo, para la terminación de la presencia física de los Estados Unidos en Panamá, en los asuntos concernientes al Canal mismo y a su defensa militar.

30. RESTABLECIMIENTO DE RELACIONES DIPLOMÁTICAS CON LA REPÚBLICA SOCIALISTA DE CUBA. 29 DE AGOSTO DE 1974.

El restablecimiento de relaciones diplomáticas con Cuba fue una de las decisiones más significativas y delicadas que tomó el gobierno del general Omar Torrijos Herrera en materia de política internacional, por diferentes motivos, entre los que destacan tres fundamentales:

1.   El disgusto que esa decisión provocó al gobierno de los Estados Unidos, en pleno proceso de negociaciones del nuevo Tratado del Canal;
2.   Las reacciones contra tal decisión por parte de las fuerzas militares de varios países latinoamericanas, que veían con malos ojos cualquier vinculación con Cuba y,
3.   La oposición de varios miembros del mismo gobierno de Torrijos y, naturalmente, de algunos sectores empresariales y ultraconservadores de Panamá.

Lamentablemente, los aspectos íntimos de todo el proceso que condujo a ese establecimiento de relaciones (entre 1969 y 1974) no constan en documento escrito. Los vínculos entre los gobiernos de Panamá y Cuba comenzaron de manera informal y oficiosa desde enero de 1969, con motivo de la asistencia de una numerosa delegación deportiva cubana a los Juegos Panamericanos que se celebraron en la ciudad de Panamá. A partir de ese momento, el gobierno cubano designa dos representantes informales en Panamá, los cuales, sin embargo, mantenían conversaciones regulares principalmente con el general Torrijos, el canciller Juan Antonio Tack, el teniente coronel Manuel Antonio Noriega y el mayor Roberto Díaz Herrera. En ese proceso, llegó el momento, en el mes de julio de 1974, que el General Torrijos tomó la decisión de realizar rápidamente el conjunto de medidas para el restablecimiento de relaciones diplomáticas con Cuba. Uno de los autores de este trabajo, el canciller Juan Antonio Tack, fue partícipe y testigo directo de las intimidades de ese proceso, que no se encuentran escritas, pero considera que sería muy extenso narrar, explicar e interpretarlas todas. Por ello, hemos considerado conveniente citar algunos extractos de lo que ha escrito del doctor Celestino Andrés Araúz, basado en documentos que son públicos, en su libro *Panamá y sus Relaciones Internacionales,* Biblioteca de la Cultura Panameña, Tomo 15, Primer Volumen. Estudio Introductorio, Editorial Universitaria, Panamá, 1994. Págs. 579-593.

Como acertada y oportuna fue calificada por un diario local (La Estrella de Panamá), la decisión asumida por el gobierno panameño de reanudar las relaciones diplomáticas normales con Cuba, a finales de agosto de 1974. Con ello, se le daba carácter oficial a una situación que ya implicaba, de hecho, una serie de vinculaciones culturales, comerciales y deportivas. Para reafirmar sus puntos de vista, el periódico aludido traía a colación las declaraciones del Canciller Juan Antonio Tack, en las que manifestaba que "el gobierno panameño propugnaba por una política internacional en el hemisferio basada en la libre determinación de los pueblos, el principio de la igualdad soberana de los Estados, el pluralismo ideológico y el fomento de una sana cooperación internacional económica y social que propenda al desarrollo de los países latinoamericanos con justicia y dignidad".

En un comunicado oficial de 29 de agosto de 1974, suscrito por el propio Gral. Torrijos, el Presidente y Vicepresidente de la República, los miembros del Estado Mayor, Ministros y Comisionados de Legislación, se estableció que, de común acuerdo, "los Gobiernos de las Repúblicas de Panamá y Cuba, habían decidido restablecer las relaciones diplomáticas entre ambos Estados". Más adelante, el comunicado sostuvo que Panamá estimaba que debía darse término al aislamiento a que había estado sometida la República de Cuba, "situación que se contradice con los más puros ideales de solidaridad continental".

Con esa iniciativa, Panamá se sumó a la lista de pocos países miembros de la O.E.A. que reconocían a Cuba. Los otros eran Argentina, México, Perú, Guyana, Barbados, Trinidad-Tobago y Jamaica. Como era de esperar, el Departamento de Estado expresó "su pesar por la decisión de Panamá de restablecer relaciones con La Habana y condenó la medida como una violación del embargo impuesto al Gobierno de la Isla por la O.E.A.".

Por su parte, el canciller interino de Cuba, René Anillo Capote, en la ceremonia de la reanudación de las relaciones diplomáticas con Panamá, celebrada en La Habana, afirmó que "la decisión era una victoria para la dignidad de América Latina, al tiempo que aseguro al pueblo y gobierno panameño, el respeto de Cuba hacia el proceso revolucionario que conduce con visión el Gral. Omar Torrijos Herrera".

A su vez, el ministro de Planificación y Política Económica, Dr. Nicolás Ardito Barletta, quien presidía la delegación panameña, en un extenso discurso que pronunció, dijo, entre otras cosas, que el acto de restablecer las relaciones entre los dos países, mostraba "la independencia y madurez que están involucradas en el ejercicio de nuestro derecho soberano". Añadió que el gobierno de Panamá estaba "desarrollando una política internacional que tiene como propósito fundamental la consolidación de nuestra independencia mediante el logro de nuestra unidad territorial y mediante el establecimiento de relaciones amistosas y pacíficas con los pueblos del orbe".

31. TRATADOS TORRIJOS-CARTER: TRATADO DEL CANAL DE PANAMA Y TRATADO CONCERNIENTE A LA NEUTRALIDAD PERMANENTE DEL CANAL Y AL FUNCIONAMIENTO DEL CANAL DE PANAMÁ. 7 DE SEPTIEMBRE DE 1977.

Después de la larga lucha por afianzar la nacionalidad panameña, que alcanza un punto culminante y decisivo con la gloriosa gesta de los Mártires del 9 de enero de 1964, surge la figura nacionalista del general Omar Torrijos Herrera, quien, con amplia visión de los verdaderos objetivos de la reivindicación de la soberanía e independencia nacional, a partir de su consolidación en el poder, lidera la lucha nacional para lograr un Tratado del Canal de Panamá verdaderamente nuevo, que eliminara por completo el nefasto Tratado Hay-Bunau Varilla. Esta lucha logra sus objetivos en conjunción con dos factores importantes:

1. El amplio respaldo mundial a la causa panameña que logran las gestiones personales del general Torrijos y,

2. La buena disposición del presidente Jimmy Carter de concertar un nuevo Tratado que contemplara las legítimas aspiraciones panameñas.

De esta manera, se completa el ciclo de lo que el general Torrijos denominó **"el alpinismo generacional"**, que logra los objetivos fundamentales para la Nación Panameña con los Tratados del Canal de Panamá Torrijos-Carter:

1.   Abrogación definitiva y total del Tratado de 1903.
2.   Eliminación de la odiosa cláusula de perpetuidad.
3.   Pronta eliminación del enclave colonial conocido como "Zona del Canal de Panamá", a partir de la entrada en vigencia de los nuevos Tratados Torrijos-Carter.
4.   Aumento substancial de los beneficios económicos que recibiría Panamá.
5.   Reversión gradual a Panamá de todas las áreas de tierras y aguas de la antigua Zona del Canal durante la vigencia del nuevo Tratado del Canal de Panamá.
6.   Transferencia a la República de Panamá del Canal mismo, al mediodía del 31 de diciembre de 1999, hora de Panamá, cuando expirará el Tratado del Canal de Panamá.,
7.   Eliminación de la presencia militar de los Estados Unidos en territorio panameño a partir también de la expiración del Tratado del Canal de Panamá.

32.   RESISTENCIA ARMADA A L A INVASIÓN DE ESTADOS UNIDOS A PANAMÁ. 20 DE DICIEMBRE DE 1989.

La invasión armada a Panamá, realizada por el ejército de Estados Unidos acantonado en la ex-Zona del Canal, es un acto de agresión armada que no tiene ninguna justificación, aunque sí explicación: el interés geopolítico de los EEUU de permanecer con tropas en suelo panameño más allá del año 2,000. El ataque militar ordenado por George Bush padre, contra Panamá, quedará en los anales de la historia de la humanidad como uno de los actos más atroces cometido por mandatario alguno y una de las más salvajes violaciones de los derechos humanos hecha por el gobierno de los Estados Unidos. Cientos de panameños, entre hombres, mujeres, niños y ancianos fueron masacrados mientras dormían unos y huían otros del infierno de balas, napalm, láser y bombas en vísperas de Navidad.

Cuando se menciona la cantidad de muertos que produjo el ataque del ejército yanqui se usan cifras, números, que tienden a despersonalizar el hecho. Pero morir, igual que nacer, es el hecho más personal que existe. De ahí que, hemos creído humanitario y necesario consignar aquí el nombre de personas que se sabe con seguridad que murieron en la invasión, como un mínimo gesto de recordación y tributo a sus memorias. En algunos casos, sin embargo, sólo un número identifica el cuerpo carbonizado de quien una vez fue un ser humano vivo.

Lista de muertos y desaparecidos en la invasión[14]

No.	APELLIDO	NOMBRE	CONDICIÓN
1.	ACOSTA B. MIGUEL		DESAPARECIDO
2.	ACOSTA S. PABLO		DESAPARECIDO
3.	AGRAZAL	ALEX	MUERTO
4.	AGUILER DE L.	SARA	MUERTA
5.	AGUILAR R.	REYNALDO	MUERTO
6.	ALDRETE	EDUARDO	DESAPARECIDO
7.	ALVARADO	LUIS M.	DESAPARECIDO
8.	ALVARADO	MOISÉS	MUERTO
9.	ALVERINO T. JOSÉ		DESAPARECIDO
10.	ANTONIO A. REYNALDO		DESAPARECIDO
11.	APARICIO	ROBERTO	MUERTO
12.	ARANA R.	RICARDO	MUERTO
13.	ARAÚZ A.	HUMBERTO	MUERTO
14.	ARCIA F.	ANTONIO	DESAPARECIDO
15.	ARDINES P.	MANUEL DE J.	MUERTO
16.	ASCONIA R.	RICARDO	DESAPARECIDO
17.	BAENA PL	ROLANDO	MUERTO
18.	BAKER	WILLIS A.	MUERTO
19.	BALLESTERO	MARCO	DESAPARECIDO
20	BALLESTEROS	MARIO	DESAPARECIDO
21.	BANKER	LUIS CARLOS	MUERTO
22.	BAPTISTE	GUY	DESAPARECIDO
23.	BARCASNEGRAS C. AZAEL		MUERTO
24.	BARES	VÍCTOR M.	DESAPARECIDO
25.	BARKER W. AUGUSTO		MUERTO
26.	BARRAGAN C.	GERARDO	MUERTO
27.	BATISTA CUY	ALEJANDRO	MUERTO
28.	BECERRA	MANUEL	MUERTO
29.	BECERRA L,	MANUEL	MUERTO

---

[14] Porcell Gómez, Néstor; Tapia Lu, Octavio. **Genocidio en Panamá** s/f. Págs. 265-272.

30.	BENDINGURG	JOSÉ	DESAPARECIDO
31.	BENITEZ C.	ANGE	DESAPARECIDO
32.	BENNET	OSCAR	MUERTO
33.	BERNAL	MANUEL	MUERTO
34.	BETHANCOURTH	BRAULIO	MUERTO
35.	BLAS J.	GIL	DESAPARECIDO
36.	BONILLA	CLARO	MUERTO
37.	BONILLA	ERIC	MUERTO
38.	BONILLA G.	CLARA	DESAPARECIDA
39.	BONILLA P.	EVARISTO	MUERTO
40.	BORI	GILKE	MUERTO
41.	BRADICK	ROLANDO	MUERTO
42.	BRATHWAITE	FERNANDO	MUERTO
43.	BROOK	CECILIO	DESAPARECIDO
44.	BRUN	LUIS M.	MUERTO
45.	BRUN R.	JUAN L.	MUERTO
46.	BURNELL	CELINA	MUERTA
47.	CABAL R.	HORTENCIO	MUERTO
48.	CALDERÓN	GABINO	DESAPARECIDO
49.	CALDERÓN	GABINO	DESAPARECIDO
50.	CALDERÓN V,	GAVINO	DESAPARECIDO
51.	CALVO	JOSÉ	MUERTO
52.	CAMARENA R.	IDALESIO	MUERTO
53.	CAMPOS J.	GILBERTO	DESAPARECIDO
54.	DESCONOCIDO		CARBONIZADO
55.	DESCONOCIDO		CARBONIZADO
56.	DESCONOCIDO		CARBONIZADO
57.	DESCONOCIDO		CARBONIZADO
58.	DESCONOCIDO		CARBONIZADO
59.	DESCONOCIDO		CARBONIZADO
60.	DESCONOCIDO		CARBONIZADO
61.	DESCONOCIDO		CARBONIZADO
62.	DESCONOCIDO		CARBONIZADO
63.	DESCONOCIDO		CARBONIZADO
64.	DESCONOCIDO		CARBONIZADO
65.	DESCONOCIDO		CARBONIZADO
66.	DESCONOCIDO		CARBONIZADO
67.	DESCONOCIDO		CARBONIZADO
68.	DESCONOCIDO		CARBONIZADO
69.	DESCONOCIDO		CARBONIZADO
70.	DESCONOCIDO		CARBONIZADO
71.	CAROL	MANUEL	MUERTO
72.	CARRILLO C.	CÉSAR	MUERTO
73.	CASTILLO	GERTRUDIS	MUERTA
74.	CASTILLO	INÉS	MUERTA

75.	CASTILLO A.	OMAR	MUERTO
76.	CASTILLO E.	MANUEL	MUERTO
77.	CASTILLO G.	LUISA	MUERTA
78.	CASTILLO N. VÍCTOR		DESAPARECIDO
79.	CASTILLO R.	JANETH	MUERTA
80.	CASTILLO S. DEMETRIO		DESAPARECIDO
81.	CASTRO JACINTO		DESAPARECIDO
82.	CASTRO C.	MARTÍN	DESAPARECIDO
83.	CEDEÑO A.	FERMÍN	MUERTO
84.	CEPEDAS	CARLOS	DESAPARECIDO
85.	CERRUD	CAMILO	MUERTO
86.	CERRUD CLAUDIO		DESAPARECI DO
87.	CHAVEZ R.	BREDIO	MUERTO
88.	CHECA MARÍA		DESAPARECIDA
89.	CHIRÚ V.	ARMANDO	MUERTO
90.	CLIFORD JOSÉ		DESAPARECIDO
91.	CLIFORD M.	VÍCTO	DESAPARECIDO
92.	CÓRDOBA AURE		DESAPARECIDO
93.	CÓRDOBA M.	MARTÍN	MUERTO
94.	CÓRDOBA V.	ROGER	MUERTO
95.	CORTÉS	ISABEL M.	MUERTA
96.	COULTRIST	MARCO A.	MUERTO
97.	COUTRUS Q.	MARCO	DESAPARECIDO
98.	CUBILLA MANUEL		DESAPARECIDO
99.	DE GRACIA TOMÁS		DESAPARECIDO
100	DE GRACIA TORRES		DESAPARECIDO
101	DE LA CRUZ EVERARDO		DESAPARECIDO
102	DE LEÓN B.	PEDRO	MUERTO
103	DE LEÓN P. JUAN		DESAPARECIDO
104.	DE LEÓN V.	ERNESTO	MUERTO
105	DEL B.	DANIEL	MUERTO
106	DELGADO G.	ALFREDO	MUERTO
107	DE ROUX F.	CLAUDIO	MUERTO
108	DESCONOCIDO		MUERTO
109	DESCONOCIDO		MUERTO
110	DESCONOCIDO		MUERTO
111	DESCONOCIDO		MUERTO
112	DESCONOCIDO		MUERTO
113	DESCONOCIDO		MUERTO
114	DESCONOCIDO		MUERTO
115	DESCONOCIDO		MUERTO
116	DESCONOCIDO		MUERTO
117	DESCONOCIDO		MUERTO
118	DESCONOCIDO		MUERTO
119	DESCONOCIDO		MUERTO

120	DESCONOCIDO		MUERTO
121	DESCONOCIDO		MUERTO
122	DESCONOCIDO		MUERTO
123	DESCONOCIDO		MUERTO
124	DESCONOCIDO		MUERTO
125	DÍAZ	ISMAEL	MUERTO
126	DÍAZ PABLO		MUERTO
127	DÍAZ	PABLO R.	MUERTO
128	DÍAZ R. CARMEN		DESAPARECIDA
129	DOE	JOHN	MUERTO
130	DOMÍNGUEZ	JOSÉ E.	MUERTO
131	DOMINGUEZ JOSÉ		DESAPARECIDO
132	DOMÍNGUEZ F.	FIDEL	MUERTO
133	DOMÍNGUEZ M.	JORGE	MUERTO
134	DOMÍNGUEZ Q.	CATALINA	DESAPARECIDO
135	DORSY S.	ISMAEL	DESAPARECIDO
136	ENRIQUE C. MIGUEL		DESAPARECIDO
137	ESCOBAR G.	CELEDONIO	MUERTO
138	ESPINOZA BENANCIO		DESAPARECIDO
139	ESPINOZA A.	MAURICIO	MUERTO
140	ESPINOZA R.	FLORENTINO	MUERTO
141.	ESPINOZA R.	SABA	MUERTA
142	FALCÓN BALBINO		DESAPARECIDO
143	FARIÑA	IVANO	DESAPARECIDO
144	FEARON	RECIEN NACIDO	MUERTO
145	FLORES	SARTIAGO	MUERTO
146	FRANCIS F.	MANUEL	MUERTO
147	FREDERICK C.	JOSÉ	MUERTO
148	GALLARDO AGRIPINO		DESAPARECIDO
149	GALVÁN	BEATRIZ M.	MUERTA
150	GALVÁN	BELLATRIZ	MUERTA
151	GALVÁN C.	MANUEL	MUERTO
152	GALVEZ	EDWIN	MUERTO
153	GARCÍA R. ROBERTO		DESAPARECIDO
154	GARIBALDI	VÍCTOR M.	MUERTO
155	GARZOLA	JOSÉ A.	MUERTO
156	GÓMEZ T.	ROBERTO	MUERTO
157	GÓNGORA	GINO	MUERTO
158	GONZÁLEZ	CRISPÍN	DESAPARECIDO
159	GONZÁLEZ	JOSÉ	DESAPARECIDO
160	GONZÁLEZ	JOSÉ S.	MUERTO
161	GONZALEZ G.	CRISTÓBAL	MUERTO
162	GONZÁLEZ J. ENRIQUE		DESAPARECIDO
163	GONZÁLEZ L.	DEMETRIO	DESAPARECIDO
164	GRANT	ROBERTO	DESAPARECIDO

165	GUADAMUZ B.	LUIS	MUERTO
166	GUTIÉRREZ A.	EUGENIO	MUERTO
167	GUTIÉRREZ R.	JUAN	MUERTO
168	HARRONL	EDGAR	MUERTO
169	HOSSEN N.	ABUL	DESAPARECIDO
170	HUBRART	ALEJANDRO	DESAPARECIDO
171	HULLIBY	JOHN	DESAPARECIDO
172	IBARGUEN	ANTONIO	MUERTO
173	IGLESIAS A.	MARIO	MUERTO
174	ILLUECA	GUMERCINDA	DESAPARECIDA
175.	ISAZA G.	AMALIO	MUERTO
176	JAÉN R.	PABLO	MUERTO
177	JEANNETTE	LISBETH C.	DESAPARECIDA
178	JIMÉNEZ	JULIO	DESAPARECIDO
179	JIMÉNEZ M.	JULIA	DESAPARECIDA
180	LÓPEZ	DEMETRIO	MUERTO
181	LÓPEZ	GUILLERMO	MUERTO
182	LÓPEZ	GUILLERMO	MUERTO
183	LUNA	EDGAR	DESAPARECIDO
184	LINCH G.	RICARDO	MUERTO
185	LYON S.	SIDNEY	MUERTO
186	MACAY D. G.	FEDERICO	MUERTO
187	MAGALLÓN M.	DEMETRIO	MUERTO
188	MAGALLÓN O.	FELIPE	MUERTO
189	MANCILLA R.	ELISA	MUERTA
190	MARTÍNEZ V.	DANIEL	MUERTO
191	MANUEL V.	VÍCTOR	DESAPARECIDO
192	MARCIAGA	JUAN	DESAPARECIDO
193	MARÍN	MANUEL	DESAPARECIDO
194	MARTÍNEZ	NORBERTO	DESAPARECIDO
195	MARTÍNEZ A.	FÉLIX	MUERTO
196	MARTÍNEZ CH.	PEDRO	DESAPARECIDO
197	MARTÍNEZ L.	ALEJANDRO	DESAPARECIDO
198	MARTÍNEZ G.	OMAR	DESAPARECIDO
199	MARTÍNEZ P.	ERNESTO	MUERTO
200	MARTÍNEZ V.	DANIEL	DESAPARECIDO
201	MARTÍNEZ V.	JOAQUÍN	MUERTO
202	MATINS A.	MOISÉS	MUERTO
203	MCKAY DE B.	GRACIELA	MUERTA
204	MEDINA I.	RENALDO	MUERTO
205	MELA M.	EUTIMIO	MUERTO
206	MELÉNDEZ M.	SIMÓN	MUERTO
207	MENA S.	ALCIDES	MUERTO
208	MERO A.	MOISÉS V.	MUERTO
209	MILLER S.	ROBERTO	MUERTO

210	MIRANDA P. DÍDIMO		DESAPARECIDO
211	MONROW	RAYMOND	MUERTO
212	MORALES	URIEL	MUERTO
213	MORALES	EUCLIDES	DESAPARECIDO
214	MORALES R.	LUIS E.	MUERTO
215	MORENO	REYNALDO	DESAPARECIDO
216	MOSQUERA	JOSÉ L.	MUERTO
217	MUÑOZ	SIMÓN	DESAPARECIDO
218	MURILLO	PORFIRIO	MUERTO
219	MURILLO C.	LUIS A.	MUERTO
220	MURILLO H.	PORFIRIO	MUERTO
221	NIVARDO F, MANUEL		DESAPARECIDO
222	NORIEGA	JOSÉ	MUERTO
223	OROZCO	TOMÁS	MUERTO
224	OROZCO	GEROME	DESAPARECID
225	PALACIO	TOMÁS B.	MUERTO
226	PALACIOS M.	TOMAS	DESAPARECIDO
227	PALACIOS P.	CÉSAR	MUERTO
228	PAREDES	EDUARDO	DESAPARECIDO
229	PARRUTA	JAIME	DESAPARECIDO
230	PATTERSON K.	ARTURO	DESAPARECIDO
231	PARUTA A.	JERBIN	MUERTO
232	PASCUAL C.	JAIME	MUERTO
233	PAVITA A.	GEORVIN	DESAPARECIDO
234	PAYNE N.	LUIS	MUERTO
235	PEÑA	ISRAEL	DESAPARECIDO
236	PEREA	OTILIA	DESAPARECIDA
237	PÉREZ	LUIS	MUERTO
238	PERIÑÁN M.	LORENZO	DESAPARECIDO
239	PIMENTEL DE G.	BERNARDO	MUERTO
240	PINEDA S.	OVIDIO	MUERTO
241	PINO	ROLANDO	DESAPARECIDO
242	PINZÓN C.	INÉS	MUERTA
243	PITTÍ C.	FRANCISCO	MUERTO
244	PUELLO	HORACIO	MUERTO
245	QUEZADA L.	JOSÉ	MUERTO
246	QUINTERO C.	LUIS	MUERTO
247	QUIÑONES	BIENVENIDO	MUERTO
248	QUIRÓS G.	JUAN	DESAPARECIDO
249	RAMOS	ELIZABETH	DESAPARECIDA
250	RAMOS	OCTAVIO	DESAPARECIDO
251	RAMOS D.	CÉSAR A.	MUERTO
252	RAMOS P.	ARCADIO	MUERTO
253	RAMOS V.	RAÚL	DESAPARECIDO
254	RANDINO J.	ERNESTO	MUERTO

255	RECUERO T.	JUAN J.		MUERTO
256	REID		ANDREA	MUERTA
257	REINA C.		HUMBERTO	MUERTO
258	REYES		LUIS	MUERTO
259	RÍOS	MARIA JOSÉ		DESAPARECIDO
260	RÍOS E.	LUIS		DESAPARECIDA
261	RIVAS	ROSA V.		DESAPARECIDA
262	RIVERA	CARLOS		DESAPARECIDO
263	RIVERA		ROBERTO	MUERTO
264	RIVERA B.		TOMÁS	MUERTO
265	RIVERA C.		ALBERTO	MUERTO
266	RODRIGUEZ		JORGE A.	MUERTO
267	RODRÍGUEZ		PAULINO	MUERTO
268	RODRIGUEZ B.		CARLOS	MUERTO
269	RODRÍGUEZ G.		OCTAVIO	MUERTO
270	RODRÍGUEZ M.		JUAN	MUERTO
271	ROMAS		JORGE B.	MUERTO
272	ROSALES		LUIS G.	MUERTO
273	ROSALES V. VICENTE			DESAPARECIDO
274	RUÍZ B.		HUMBERTO	MUERTO
275	RUÍZ G.		JUAN	MUERTO
276	SÁEZ	RECIÉN NACIDO		MUERTO
277	SALAZAR		POLO	MUERTO
278	SALDAÑA ROBERTO			DESAPARECIDO
279	SAMANIEGO ELISEO			DESAPARECIDO
280	SANFORD R.		ROSA	MUERTA
281	SAMUDIO M. MARÍA			DESAPARECIDA
282	SÁNCHEZ		FRANCISCO	MUERTO
283	SÁNCHEZ R.		LUIS	MUERTO
284	SÁNCHEZ R.		RICARDO	MUERTO
285	SÁNCHEZ T.		ARNULFO	MUERTO
286	SANJUR C.	ERICK		MUERTO
287	SANTAMARÍA		EDUARDO	MUERTO
288	SARMIENTO MARISOL			DESAPARECIDA
289	SERRACÍN ROBERTO			DESAPARECIDO
290	SERRANO PEDRO			DESAPARECIDO
291	SMITH		MARCOS L .	MUERTO
292	SMITH	ROGELIO R.		MUERTO
293	SOLÍS GUILLÉN			DESAPARECIDO
294	STERLING S.		TOM	MUERTO
295	TEJADA A. FALCONETT			DESAPARECIDO
296	TEJADA A. RUBÉN			DESAPARECIDO
297	TESIS	LUIS		DESAPARECIDO
298	THOMAS		JORGE B.	MUERTO
299	TORREGLOSA		LUIS	MUERTO

300	TORRES		ANTONIO P.	MUERTO
301	TRIVINO R.	VALENTÍN		MUERTO
302	TRUJILLO		JOSÉ	MUERTO
303	TRUJILLO R.		RAFAEL	MUERTO
304	TUÑÓN G.		DIOSELINA	MUERTA
305	URRIOLA		OSVALDO A.	MUERTO
306	URRIOLA		YUNINO	MUERTO
307	VALDÉS		RAMÓN A.	MUERTO
308	VANEGAS DE R.	ROSA		MUERTA
309	VAQUERO		JOSÉ	MUERTO
310	VARGAS	ANTONIO		DESAPARECIDO
311	VARGAS J.	ABDIEL		MUERTO
312	VÁSQUEZ		MÁXIMO	MUERTO
313	VÁSQUEZ N.	LEOVIGILDO		DESAPARECIDO
314	VÁSQUEZ R.	CELIA		DESAPARECIDA
315	VEGA	AGRIPINO		DESAPARECIDO
316	VELÁSQUEZ C.		RAÚL	MUERTO
317	VERGARA	SEBASTIÁN		DESAPARECIDO
318	VERGARA		SILVANY	MUERTO
319	VILLALTA		ÁNGEL	MUERTO
320	VILLARREAL L.		FEDERICO	MUERTO
321	VILLATO F.	ÁNGEL		DESAPARECIDO
322	WALKER	RIGOBERTO		DESAPARECIDO
323	WALKER TH.	SHERLEY		DESAPARECIDA
324	ZAMBRANO		MARCELINO	MUERTO

Toda esta matanza con el pretexto de atrapar al general Manuel Antonio Noriega.

La conciencia histórica de nuestra nacionalidad calificará de asesinos a los que perpetraron la invasión y de traidores a los panameños que la pidieron y apoyaron, convirtiendo al Chorrillo en el Barrio Mártir de Panamá.

...a varios kilómetros de allí, en la base militar estadounidense de Quarry Heights, sede del Comando Sur del Ejército de los Estados Unidos, un secretario militar escribía una orden de su jefe, cursando invitación a cenar en esa base, a las 18:00 horas G.M.T.; del día 19 de diciembre de 1989, a tres miembros de la oposición política panameña al general Noriega: Guillermo Endara Galimany, Ricardo Arias Calderón y Guillermo Ford, quienes, en efecto, acompañados de los abogados José Manuel Faúndes y Julio Linares, y el médico Osvaldo Velásquez, asistieron a la cena...de la traición.[15]

Hubo quien recibió un obsequio de manos de un general gringo por su colaboración en la "operación justa causa", la operación del genocidio. Ese fue el caso del empresario Ricardo Alemán Alfaro, ex-presidente de la Cámara de Comercio de Panamá y nieto de Horacio H. Alfaro, presidente-fundador de dicha Cámara, el mismo que agradeció en 1925 la intervención de soldados norteamericanos en Panamá para reprimir el movimiento inquilinario de esa fecha. Otros, como Miguel Antonio Bernal Villalaz, aplaudieron y agradecieron la invasión en Carta Abierta al presidente Bush padre, publicada en el diario La Prensa, del 28 de enero de 1990, apenas transcurrido poco más de un mes de la masacre, todavía humeantes los escombros de las casas del Chorrillo y decenas de cadáveres de panameños sepultados en fosas comunes camufladas por los invasores. En esa oprobiosa carta dice, en una parte, el Dr. Bernal Villalaz:

Sr. Presidente…Uno mi agradecimiento al de mi pueblo por haber ustedes removido el cáncer de mi país… Mi felicidad hoy brota exclusivamente del hecho de que mis compatriotas han vuelto a tener esperanzas. Es por eso que mis paisanos han saludado a las fuerzas militares norteamericanas como liberadores…¿Cuánto tiempo pasará para que la euforia de la liberación sea reemplazada en la memoria de los panameños por el recuerdo de los dos mil ciudadanos muertos en la invasión?...
Oigo que usted planea visitar mi país, y yo le recomiendo que lo haga…

Atentamente,
Miguel Antonio Bernal

Esta vergonzosa carta, publicada en su columna En Pocas Palabras, por Guillermo Sánchez Borbón (Tristán Solarte), fue escrita originalmente en inglés, según dice el propio Sánchez Borbón.
Para mayor oprobio y vergüenza nacional, el jefe militar de la invasión, el general Marc Cisneros, fue entrevistado, entre risas y elogios, por la periodista Omaira "Mayín" Correa, en el canal 4 de la televisión panameña; y Guillermo Endara Galimany y su hija Marcela Endara, se tomaron sendas fotografías sonriendo y rodeados por soldados norteamericanos en zafarrancho de combate.

---

[15] Texto de la obra inédita **Amigos**, de Miguel Montiel Guevara.

La tragedia sufrida es más dramática aún por el escarnio de quienes buscan quebrar nuestra moral. Así lo denunció en 1994, el propio presidente de la República, Dr. Ernesto Pérez Balladares, en la entrega de becas a hijos de mártires del 20 de diciembre:

Durante los últimos años se pretendió cubrir con un manto de olvido los horrores de la invasión. Aún más, de manera maliciosa se ocultaron los muchos actos de heroísmo y las innumerables desgarraciones familiares, destacando el saqueo y la ausencia de combate prolongado...La memoria de nuestros mártires no se perpetúa en leyes sino en el recuerdo agradecido de todos los panameños...A esos héroes... de la nacionalidad debe también hacérseles justicia...

He aquí los nombres de algunos de esos panameños, también miembros de las Fuerzas de Defensa, que murieron peleando como héroes contra el invasor, y entre los cuales hay, incluso, un hijo del ex-presidente de la República, Ing. Demetrio Basilio Lakas: Tte. Octavio Rodríguez Garrido.

- Sargento Gilberto Campos
- Cabo Tomás Rivera
- Cabo Moisés Alvarado
- Cabo Martín Córdoba
- Cabo Humberto Reyna
- Soldado Ricardo Linch
- Teniente Braulio Betancourt
- Teniente Sydney Lyons
- Subteniente Bredio Chávez
- Sr. Ángel Benítez
- Teniente Octavio Rodríguez Garrido
- Sargento 1ro. Catalino Domínguez
- Sargento 1ro. Felipe Magallón

Hubo muchos más que combatieron a los invasores y con su valor y heroísmo reivindicaron el honor de todos los panameños.

¡Gloria eterna para todos ellos!

33.   REPUDIO POPULAR A GEORGE BUSH (Padre) EN PANAMÁ. 11 DE JUNIO DE 1992.

La primera vez que un presidente estadounidense dejó el territorio de la Unión para visitar otro país, fue el 15 de noviembre de 1906, cuando Theodore Roosevelt visitó el Canal de Panamá. En esa ocasión, éste fue recibido sin hostilidad. Por su parte, al presidente Jimmy Carter, le fue dada una acogida propia de un amigo, antes de la firma de los Tratados del año 1977. Muy diferente fue el caso del presidente George Bush padre, en su visita a Panamá después de la invasión. Según la principal organizadora del evento, la Sra. Alcaldesa Omayra "Mayín" Correa, éste fue concebido como una fiesta denominada "Encuentro de Amigos", pero fracasó luego que se produjeron violentos disturbios en la Plaza Porras, que obligaron al servicio de seguridad del presidente visitante a sacarlo del área a punta de pistola, al igual que tuvo que salir también el presidente Guillermo Endara Galimany y su comitiva, quienes lo acompañaban.

El anuncio de la visita presidencial generó, desde la semana anterior a su llegada, el renacimiento de sentimientos nacionalistas y reclamos expresados por grupos populares, organizaciones estudiantiles de nivel medio y de la Universidad de Panamá y hasta de algunos empresarios del Consejo Nacional de la Empresa Privada (CONEP). Igualmente, se organizaron manifestaciones de protesta, al frente de las cuales pudo verse a legisladores, como la Ing. Balbina Herrera.

El Rector de la Universidad de Panamá de esa época, Dr. Carlos Iván Zúñiga, dijo "quienes mancillaron la democracia y la soberanía nacional son *non gratos* a la conciencia patriótica de la nación". Por su parte, el Consejo Académico de la Universidad de Panamá calificó esa visita como "un acto insensato destinado a dividir la famita panameña, tan necesitada de unidad interna para elevar la moral de la comunidad".

Las acciones de repudio a la presencia del presidente Bush padre en Panamá, tuvieron un efecto muy negativo en la carrera por su reelección a la presidencia de su país y devolvieron a los panameños parte de su dignidad como pueblo libre y soberano.

34.   CENTRO MULTILATERAL ANTIDROGAS (CMA). EL DESAFÍO FINAL.

La República de Panamá nació el 3 de noviembre de 1903. Quince días después, el 18 de noviembre comprometió su soberanía y jurisdicción sobre una parte de su territorio, con los Estados Unidos, por medio del Tratado Hay-Buneau. El 31 de diciembre de 1999, a las 12:00 meridiano, hora de Panamá, tendría la oportunidad de recuperar su soberanía total y completa jurisdicción sobre todo su territorio, gracias a los nuevos Tratados Torrijos-Carter.

Así debería ser, pero no era seguro que así sería, porque, después de casi un silgo de luchas por erradicar del suelo patrio la presencia de los soldados estadounidenses, los panameños, llevados por la desesperación económica, la falta de empleo, el hambre y afectados gravemente del *"síndrome de gringo"*, parecían inclinarse mayoritariamente, por lo que revelaban las encuestas hechas al respecto, a favor del proyecto gubernamental de creación de un Centro Multilateral Antidrogas, en territorio panameño y en el cual permanecería un contingente militar de Estados Unidos, junto con otros militares de algunos países latinoamericanos.

El Dr. Ernesto Pérez Balladares, entonces presidente de la República, decía que esta vez no estaba en juego la soberanía del Estado panameño. Que se trataba, además, de un acuerdo por 12 años, prorrogable 5 años más. Argumentaba razones políticas y económicas a favor de la propuesta del Centro Multilateral Antidrogas. Según sus palabras, habría 2,500 unidades, que se presume serían soldados estadounidenses, además de técnicos militares de todos los países miembros. Por otra parte, agregaba que los miembros del CMA podrían ser juzgados por tribunales de sus países de origen sólo en tres casos: **por delitos cometidos contra compatriotas, sabotaje y traición.**

Este trabajo fue elaborado con base a "hechos históricos consumados". *Strictu sensu*, el Centro Multilateral Antidrogas no era un hecho en aquel momento. A la fecha de entonces, diciembre de 1997 y después de tres años de conversaciones, lo que existía era un acuerdo bilateral entre los Estados Unidos y Panamá, el cual tendría que ponerse por escrito en idioma español e inglés. De allí se pasaría a una segunda fase consistente en lograr la incorporación de otros países, especialmente latinoamericanos, entre los que se mencionaban a Colombia, México y Brasil. Una vez concluida esta segunda fase, el acuerdo debería ser sometido a la aprobación de la Asamblea Nacional de Panamá y finalmente a un Referéndum, que convocaría a todos los panameños mayores de edad, sin excepción. Pero, para tranquilidad de todos, ese proyecto fracasó.

Así es que, no siendo el CMA un hecho consumado para la época en cuestión, no lo consignamos aquí como tal, como algo cumplido, sino como lo que fue: otro intento del imperialismo yanqui para revertir lo alcanzado con los **Tratados Torrijos-Carter**. Su suerte fue parecida a la de los "Tratados tres en uno": murió en la cuna, por la firme, inclaudicable y patriótica oposición de los sectores nacionalistas del país, liderados por grupos obreros e intelectuales y sobre todo, diríamos que, como siempre, los estudiantes panameños.

35. FIN DEL TRATADO DEL CANAL E INICIO DEL TRATADO CONCERNIENTE A LA NEUTRALIDAD PERMANENTE DEL CANAL Y AL FUNCIONAMIENTO DEL CANAL. (TRATADO DE NEUTRALIDAD). 31 DE DICIEMBRE DE 1999.

Fue un día hermoso de verdad. Al mediodía del 31 de diciembre de 1999 se hizo realidad el sueño de miles de panameños que generación tras generación lucharon por ver ondear una solo bandera sobre el territorio nacional. Fue el día que *"alcanzamos por fin la victoria"* como dice la letra de nuestro Himno Nacional. El pueblo panameño, convocado sin distinciones de ninguna clase, se dio cita en la explanada y los alrededores del edificio de la Administración del Canal. En ese lugar, predios del nuevo corregimiento de Ancón, otrora parte de la ex-Zona del Canal, nos reunimos panameños de todo el mundo, para celebrar jubilosos la terminación del **Tratado del Canal** y la entrada en vigencia del **Tratado de Neutralidad**. Fue así como los **Tratados Torrijos-Carter** tras larga y cruenta lucha por la *soberanía total*, devolvieron a los panameños la totalidad de sus aguas y tierras que habían estado bajo jurisdicción estadounidense por casi un siglo. Este Pacto entre Estados Unidos y Panamá transfirió a nuestro país el Canal Interoceánico, junto con todas las instalaciones y edificaciones existentes en la desaparecida Zona del Canal, y dejó completamente al Istmo sin la presencia de ningún soldado ni base militar extranjera.

Fue el fin del colonialismo en Panamá.

A MANERA DE CONCLUSIÓN

Las naciones se forman en relación con factores vinculados a su población, a los grupos raciales y étnicos que la integran, a su medio ambiente, donde las condiciones climatológicas y geográficas delinean muchas veces el perfil de un pueblo. No fue casual que Grecia fuese una nación de navegantes o que los pueblos nórdicos tuviesen como una deidad al gigante IMIR, surgido del hielo. Pero no sólo hay factores naturales entre las causas que definen la personalidad de los pueblos. También los hay creados por el propio hombre.

Las circunstancias que han rodeado la historia de la nación panameña son de una y de otra clase. Alrededor de nuestra situación geográfica y muy particular conformación territorial, la naturaleza creó las bases para que fuésemos un pueblo cuyo desarrollo estaría vinculado estrechamente a la suerte de ser su territorio codiciado por otros hombres en función de sus propios intereses económicos. Eso nos marcó como pueblo destinado a conquistar su independencia y consolidar su identidad en lucha contra los intereses foráneos, las fuerzas centrífugas entre la multiplicidad de sus grupos étnicos y la inestabilidad de su economía transitista. Pese a todos estos factores en su contra, la nación panameña se formó, alcanzó su independencia política y creó su estado nacional; consolidando su unidad territorial, su soberanía total y plena jurisdicción sobre todo su territorio, a lo largo de una lucha generacional que alcanzó su cenit el mediodía del 31 de diciembre de 1999, hora de Panamá.

Los hechos históricos que aquí se relatan concentrados, dan testimonio fehaciente de que sobre las tierras y aguas que forman el Istmo de Panamá, surgió una conciencia y voluntad colectiva que desarrolló una cultura, que logró hacer realidad un proyecto de nación, de país, de pueblo, de estado nacional soberano, libre e independiente, que se llama **República de Panamá**.

A la preservación y fortalecimiento de su existencia está dirigido fundamentalmente este trabajo, cuyos autores queremos terminar con las palabras de Ricaurte Soler, *el Maestro*, en memoria de quien lo ofrecemos: *"En 1903 existía una nación y una conciencia nacional panameña".*

ÍNDICE

Pág.